DELLA VITA E DELL'OPERE

DI

ALBERICO GENTILI

COMMENTARIO

DI

ALESSANDRO DE GIORGI

PROFESSORE ORDINARIO DELLA FILOSOFIA DEL DIRITTO

E INCARICATO DEL DIRITTO INTERNAZIONALE

NELLA R. UNIVERSITÀ DI PARMA.

PARMA

—

TIP. DI ADORNI MICHELE

succ. a Carmignani

1876.

DELLA VITA E DELLE OPERE

DI

ALBERICO GENTILI

PREFAZIONE

~~~~

Circa quaranta anni addietro, chi scrive oggi queste pagine, mettendo insieme gli scritti di Giandomenico ROMAGNOSI, s' abbatteva in una breve sua *Annotazione intorno ad Alberico Gentili e al primato dovuto all' Italia in opera di pubblico diritto*, aggiunta alla Biografia di MAKINTOSH, che si legge negli *Annali di Statistica*, dell'anno 1832, vol. XXXII. pag. 310. Essendo molto breve, non sarà forse discaro al lettore averla dinanzi, come l' abbiamo riprodotta anche nel vol. II. delle Opere di ROMAGNOSI, pag. 801.

« Gl' Italiani debbono essere tenuti allo studio fatto da « Makintosh nel Corso di diritto pubblico che tenne a Lin- « coln 's Inn, perocchè gli diede eccitamento ad illustrare « la vita e gli scritti di Alberico Gentili italiano, il quale sul « fine del secolo XVI, e sul principio del XVII. insegnò nel- « l' Università di Oxford, poichè nella sua patria non gli « era permesso. Quest' uomo, nato nel 1551, e morto nel « 1611, compose un trattato col titolo *de iure belli*, il cui « libro terzo è interamente consacrato al diritto della pace; « talchè a buona ragione avrebbe il Gentili potuto intitolare

« la sua Opera *De iure belli et pacis*, come fece il Grozio.
« L' onore quindi del primato per la dottrina del pubblico
« Diritto devesi indubitatamente all'Italia; e se la celebrità
« di Grozio, venuto posteriormente, ha potuto oscurare i
« primi lavori dell' Italiano, ciò non toglie a quest' ultimo
« il merito dell'invenzione, nè gli torna a danno l'aver fatto
« di meno; perocchè questa è la sorte comune di tutti i
« primi inventori, i quali avendo aperta la strada e segnati
« i principj, vengono poi seguiti dai cultori che aggrandi-
« scono la fatta scoperta. Confrontando poi Alberico Gen-
« tili con Grozio, si trova che quest'ultimo aveva preso dal
« primo parecchi fatti e molte particolari osservazioni,
« come annotò recentemente il sig. Lerminier. Per quella
« legge poi di necessaria gradazione negli studj umani, la
« quale incomincia dallo stato antecedente per procedere
« avanti, Alberico Gentili appoggiò per lo più i suoi dettati
« all' autorità; lo che in grandissima parte fece pur anche
« il Grozio. Talchè la scienza del Diritto naturale e pubblico
« doveva bel bello emanciparsi dall'autorità, per entrare
« compiutamente nel demanio della filosofia e della soda
« esperienza ».

È facile scorgere che Romagnosi ignorava gli scrittori
che precedettero Alberico Gentili in quell'arringo e, come
si farà chiaro colla presente trattazione, non conosceva con
esattezza i casi di Alberico. Erra fin anco nell' anno della
nascita di lui, che fu il 1550, e in quello della morte che
fu il 1608.

Nè chi scrive conosceva allora questi casi meglio di
Romagnosi, e avendo in mira l'esame scientifico delle sue
Opere, non pensò nemmeno a istituire indagini sopra tale

subbietto particolare, nè a correggere altre inesattezze che sono nel breve scritto di ROMAGNOSI.

In questo lungo intervallo molti hanno parlato di Alberico GENTILI e della sua Opera *De iure belli*; e molte cose ha imparato, che prima non sapeva, quello che adesso presenta a'suoi concittadini amanti della veritá e della scienza questo lavoro, quale che siasi, venutosi preparando a goccia a goccia, ed ora compiuto coll'esame di molte fonti rinvenute in varie Biblioteche.

Di che ci è debito render grazie innanzi tutto al Vice Bibliotecario della Parmense, Luigi Barbieri, che rese agevoli le ricerche, colla molta sua erudizione e conoscenza pratica delle ricchezze che questa Biblioteca contiene; indi ai preposti delle Biblioteche di Piacenza, di Modena e di Bologna, e a qualche amico nostro, che ci fecero copia dei libri che posseggono, e non erano in questa di Parma.

Nel programma mandato innanzi promettemmo di dire la verità storica pura, schietta e intera il più che ci fosse possibile, intorno alla vita e alle Opere di Alberico GENTILI; a fine di determinare il posto che egli occupa nella storia della scienza del Diritto internazionale. I lettori vogliano accogliere il lavoro nostro con altrettanta benevolenza, quant'è la sincerità colla quale cercammo di adempiere la nostra promessa.

Parma, il 1° Maggio 1876.

PROF. ALESSANDRO DE GIORGI.

PARTE I.

LA VITA E LE OPERE DI ALBERICO GENTILI.

~~~~~~

CAPITOLO I.

La famiglia Gentili.

Chi fosse vago di conoscere quanto antica e illustre sia la famiglia dalla quale trasse i natali ALBERICO GENTILI, troverebbe di che far pago il suo desiderio nelle *Antichità Picene* dall' Ab. Giuseppe COLUCCI.

Quivi si leggono due elogi di Alberico: uno brevissimo, scritto da G. B. BUCCOLINI, nel Vol. V. pag. 12; l'altro, dettato da Telesforo BENIGNI, nel Vol. VII., senza paragone più ricco di particolari anche risguardanti altri uomini illustri di quella stirpe.

La quale ne' secoli andati ebbe signoria sovra parecchie terre; si divise in due rami: i Gentili Rossi e i Gentili Bianchi; si propagò in molte famiglie dell' uno e dell' altro ramo, sparse in più città e castelli d'Italia, ed ebbe molti chiari uomini così nelle arti della pace come nella milizia; così nel campo degli studii, come in quello della operosità mercantile.

Il BENIGNI dà per certo che Alberico appartenesse al ramo dei Gentili Rossi, appoggiandosi al PICCART e al FREER: all' autorità, specialmente del primo ricorre spesso (1).

————————

(1) *Laudatio funebris Scipionis Gentilis I. C. scripta et dicta a* Michaele PICCART, etc. a. 1617. Di questo elogio funebre del fratello di Alberico, vedemmo nella Biblioteca di Parma l'edizione stessa che cita il BENIGNI; ed è nella raccolta di Enningo Witten, Francf. 1676.

Pauli FREHERI, *Theatrum viror. erudit. clarorum*, etc. Norimbergae 1688. Opera poco stimata. È una raccolta di ritratti d'uomini illustri, con cenni sulla loro vita e le loro Opere. V'è il ritratto di Scipione Gentili e non v'è quello di Alberico suo fratello.

Il padre suo, Matteo il iuniore, di Sanginesio, presso Macerata, naque il dì 11 Aprile del 1517, da Lorenzo e Clarice Matteucci. Apprese filosofia da Simone PORZIO, noto letterato napoletano, e medicina da Giovanni ARGENTIER, ch'ebbe molta celebrità a' suoi tempi; entrò molto innanzi nella conoscenza della lingua greca, e pose studio nella eloquenza (2). In generale, Matteo, Alberico e Scipione, questo però in grado più alto, sono dagli scrittori annoverati fra gli *umanisti*, ch'erano tanto in onore nel secolo XVI.

Verso l'anno 1549, Matteo condusse in moglie Lucrezia, figlia di Nicolò Petrelli il seniore, uomo insigne per cospicui uffici sostenuti e pel favore ch'ebbe presso Ferdinando Arciduca d'Austria, che lo creò cavaliere e castellano di Trieste. Il PICCART magnifica le doti specialmente dell'animo di questa illustre donna (3), dalla quale Matteo ebbe sei figliuoli ed una figlia.

Primonato Alberico, l'anno 1550; penultimo Scipione. Gli altri furono: Manilio, Antonio, Vincenzo e Quinto; la figliuola si chiamò Nevida.

Se di Alberico e di Scipione parla maggiormente la storia, non sono però tutti oscuri gli altri.

Manilio, il secondogenito, fu magistrato in patria nel Giugno del 1576 (4), e l'anno seguente venne spedito ambasciatore del comune al Cardinale Marc'Antonio Colonna, Legato della provincia, e al Pontefice Gregorio XIII.

Quinto Gentili fu introdotto da Alberico quale interlocutore nei dialoghi *De iuris interpretibus*, in guisa da sembrare ch'egli

---

(2) *Antichità picene.* Vol. VII. p. XIII. Fermo 1790.

(3) PICCART, *Laudatio funebris Scipionis Gentilis*, ed. cit. pag. 30. Il PICCART mette in bocca di Lucrezia un discorso al marito suo, quando le annunziò il divisamento di abbandonare la Patria, dal quale prima sembrerebbe che lodasse i motivi del suo divisamento, e infine si rifiuta di seguirlo, per affetto alla Fede che non voleva rinnegare.

(4) La magistratura durava sei mesi. *Antichità picene*, VII. pag. XVI.

pure sia passato in Inghilterra (5). Fece i suoi studi nell' Università di Padova, e pare abbia scritto un' Opera, col titolo: *Encomium illustriun omnium virorum in inclita patavina Academia publice profitentium*, Opera che non consta essere stata mai pubblicata (6).

Nevida,. sorella d' Alberico, viene associata alle lodi della madre loro, in una lettera di Roberto GENTILI figlio d'Alberico, colla quale dedicava all' avo suo Matteo le *Lectiones virgilianae variae* di Alberico stesso. Eccone le parole:

» Non habeo quidquam in terris te charius: qui nec habes nul-
» lum chariorem me nepote tuo; non ipsum parentem meum, non
» ornatissimum patruum Scipionem filios tuos; non si ad reliquos
» filios vertis ocellos, ad florem, quam ais, filiorum, avitam meam
» Nevidam, non si ad aviam illam meam Lucretiam, uxorem tuam;
» quam saepissime cum pietate summa praedicat pater, nullique
» non conferendam veterum faeminarum affirmat; quae cum
» suis viris coniunctissime vixerint, et liberos suos, non genuisse
» modo, sed et educasse; non Nutrici alicui redemptae commen-
» dasse, celebrantur a scriptoribus cum lande summa, et mansura
» in omnem posteritatem » (7).

. Alla data di questa lettera, Lucrezia era già morta. *Le Lectiones virgilianae* vennero in luce con questa dedica l' anno 1603, e Lucrezia morì nel Marzo 1591 (8). Si noti qui di passaggio, che

---

(5) Nel Dial. II., volgendo il discorso a Quinto, così gli dice: *Non vides quot hic in Anglia nos italice loquentes intelligant, ipsi nesciunt vel unum profari verbum italicum?* Questi dialoghi fanno parte della raccolta di Hoffmann intitolata: *Guidi Panziroli regiensis, Icti et in Gymnasio Patavinio iuris interpretis, de claris legum interpretibus libri quatuor, accessere etc. Alberici Gentilis de iuris interpret. dialogi sex, etc.* cura D. *Christiani Godofr.* HOFFMANNI. Lipsiae 1721. 4. — Il luogo citato è a pag. 574.

(6) *Antich. picene.* VII. p. XV.

(7) *Antich. picene.* VII. p. XV.

(8) Roberto era allora fra i 13 e i 14 anni, essendo nato il dì 11 Settembre del 1589. BENIGNI lo mostra d'ingegno precoce, *Antich. pic.* VII. p. LII.

questa donna tanto lodata dai figli suoi, pur dopo morte, aveva istituito sua unica erede la figlia Nevida (9). Parrebbe quindi che anche gli altri figli fossero stati o potessero venire colpiti dalla sentenza medesima di confisca che toccò al padre e ad Alberico, secondo le leggi di quel tempo.

Matteo Gentili, quale medico e quale uomo di Governo, fu avuto in molta estimazione in patria e fuori, e adoperato in alti e malagevoli uffici nella sua terra natale di Sanginesio e in altre vicine, dove si ritrasse allorchè vide riuscir vana l'opera sua nel compito assuntosi di spegnere gli odii acerbi e le ire ostinate, che avevano riempiuto di stragi il paese, intorno al 1560 (10).

Nel 1574 lo si trova però di nuovo in ufficio di magistrato a Sanginesio, ed è da questo tempo che hanno principio le vicende gravi di lui, di Alberico e degli altri suoi figli.

CAPITOLO II.
Cause e modo della partenza da Sanginesio
di Matteo col figlio Alberico.
Soggiorno del padre in Carniola.

Fra le tante Confraternite di que' tempi, una ne floriva a Sanginesio, sotto il titolo dei SS. Tommaso e Barnaba, eretta nel 1365, sottoposta al Capitolo di S. Pietro in Vaticano ed esente dalla giurisdizione del Vescovo della Diocesi. In questa Confraternita erano ammesse soltanto persone, non solo di provati costumi, ma eziandio che valessero per ingegno.

Alcuni Sanginesini, che il Benigni dice di non voler nominare, « per degni riguardi » chiesero d'esservi ascritti e vennero, a maggioranza di voti, rifiutati. I libri della Confraternita non la-

---

(9) *Antich. picene*, VII. p. XIV. n. 61.
(10) *Antich. picene*, VII. p. XVIII.

sciano scorgere il motivo di tale deliberazione; il tempo dev'essere nel corso dell'anno 1574 (11).

Esacerbati gli animi per tale rifiuto, ciò che prova che non era tutto oro di pietà la brama di entrare in questa congregazione e di prender parte alle sue conferenze, s'incominciò a sparger voce « che nelle case della Confraternita si tenevano conventicole » ereticali, e si faceva fascio d'ogni erba. Questa voce eccitò » grandissimo rumore nel popolo minuto, facile a creder tutto, onde » s'incominciò a giudicare le operazioni, i sentimenti, le parole e » sino gli atti di quelli, che componevano la Confraternita. Si » videro quindi citati diversi di loro innanzi al Tribunale santis- » simo dell'Inquisizione, ed altri in seguito arrestati. »

» Il nostro Matteo, ch'era pratichissimo delle cose del mondo, » dubitando che per malignità de' suoi nemici potessero appren- » dersi in sinistro le di lui conferenze, fors'anche innocenti, pensò » di dar luogo alla fortuna, e di porre in salvo sè stesso e la » famiglia sua. »

« Comunicò a Lucrezia Petrelli sua moglie questo suo divisa- « mento, affinchè lo avesse seguito con tutti i loro figliuoli in « luogo sicuro; le fece comprendere il pericolo, che gli sovrastava « e la necessità in cui trovavasi di abbandonare la patria per « sempre. Sentì Lucrezia con grandissima sorpresa dell'animo « suo la risoluzione del marito, ma non si smarrì. »

« Profittando anzi di quell'autorità, che colle dolci sue ma- « niere, e colle rare sue virtù si era ella conciliata sul di lui « spirito, chiamò in suo aiuto tutti i vezzi e le lusinghe del sesso « e si oppose costantemente alle di lui risoluzioni. »

« Gli confessò essere necessario il di lui allontanamento, e « accordò di condur con esso lui il primogenito suo Alberigo, « Podestà in allora della città di Ascoli, e che ormai giungeva « al quinto lustro dell'età sua. Circa agli altri figli, fece a lui « riflettere, che essendo ancora in età molto tenera, ed assuefatti

---

(11) *Antich. pic.* VII. p. XVIII. XIX.

« al dolce clima dell'Italia, era molto pericoloso il trasportarli
« altrove, e ch'ella per la loro conservazione, avrebbe piuttosto
« sacrificata sè medesima al dolore d'una volontaria vedovanza,
« col rimanersi in patria alla loro cura e alla loro educazione.
« Accompagnò questo discorso con interrotte parole e con qualche
« lagrima, onde Matteo, che erasi al di lei pianto intenerito, le
« accordò ciò che volle. *Convasatis igitur clam rebus et col-*
« *lectis sarcinulis*, scrive il PICCART, *et acerbissimo vale uxori*
« *liberisque dicto, ex Italia in Carniolam vicinam contendit*» (12).

« Partito egli appena colla sola compagnia di Albergo suo fi-
« gliuolo, sì pentì di aver lasciato Scipione alla madre, onde volle
« fermarsi in luogo sicuro perfino a che gli fosse riuscito d'averlo.
« Incaricò pertanto alcuni suoi corrispondenti di rubarlo destra-
« mente alla madre sotto il pretesto di una passeggiata. »

Il colpo riuscì e Scipione fu consegnato al padre, « che pre-
« murosamente aspettavalo, perchè aveva forse scorto dalla ge-
« nerosa sua indole quale e quanto profitto dalle scienze doveva
« un giorno ricavare. »

« Penetrò nel più vivo del cuore a Lucrezia questo rapimento
« del tenero figliuolo, e ne scrisse risentitamente al marito, onde
« *qua virtute, qua animi firmitate foemina fuerit, non diffi-*
« *cile est colligere* » *(13).*

Proseguito il viaggio per la Carniola, dato prova della sua dottrina
medica, ottenuto dai reggenti di quella provincia, non che la facoltà di
starvi, ma quel che più monta l'ufficio di Protomedico con largo sti-
pendio e ogni maniera di favore, pose stabile dimora in Lubiana.

Ivi pare si rimanesse col solo Scipione sino all'anno 1579,
nel quale mandò questo a compiere i suoi studj a Tubinga.
Quanto ad Alberico ne diremo poi.

---

(12) *Antich. pic.* VII. p. XIX. PICCART, *Laud. fun. Scip, Gentilis*, pag. 30.

(13) *Antich. pic.* VII. p. XX. PICCART, pag. 31. Di questo fatto parla nuovamente il BENIGNI nella notizia più diffusa sopra la vita e le Opere di Scipione, nel Vol VIII. delle *Antichità picene.*

Ma finalmente anche Matteo fu costretto ad abbandonare quell'ospitale e lucroso soggiorno. La sua fuga dall'Italia aveva cresciuto il sospetto ch'egli inclinasse alle novità religiose; l'aperta professione delle dottrine protestanti quando fu lungi dalla Patria aveva mutato questo sospetto in certezza; ed egli, con Alberico suo figlio, ed altri del suo casato ed estranei, che sull'esempio di Matteo erano fuggiti, vennero condannati in contumacia, conforme alle leggi che vigevano, alla perdita della libertà e dei beni (14).

Di tale condanna Matteo si risentì fieramente, e dei magistrati che l'aveano profferita non rifinì mai di sparlare. E le cose andarono tant'oltre con questi suoi sfoghi d'ira, che « venutogli « meno notevolmente il credito che dianzi erasi procacciato, inco- « minciò a sentir mormorare della di lui condotta, onde non vi si « credette (in Carniola) più sicuro e pensò di sloggiare »; tanto più che un editto dell'Arciduca d'Austria Imperatore Rodolfo II, non ammetteva ne' suoi stati la professione di altra religione che la Cattolica, e non permetteva che vi facessero soggiorno persone sospette di professare altre dottrine (15).

Perciò, nell'anno 1580 o poc'oltre si rifugiò in Inghilterra, dove era già Alberico, e intorno all'anno 1591, epoca della morte di sua moglie, fu colto da una grave malattia, che lo tenne a letto gli ultimi tredici anni della sua vita, senza però impedirlo dal leggere e dal prestare l'aiuto delle sue mediche cognizioni a chi lo visitava. Morì a Londra nel 1602, dove sempre avea dimorato, essendo in età di anni 85 circa (16).

---

(14) Da quanto dice il BENIGNI. pag. XXII. sembra che la sentenza sia del 1580, ma non è esplicito. Il Pannelli (*Memorie degli uomini illustri in medicina del piceno*, Ascoli 1758, T. II. p. 217) la pone al 20 Febbraio 1581.

(15) *Antich. pic.* VII. p. XXI.

(16) *Antich. pic.* VII. p. XXII-XXIV. e XLII. Ci convenne emendare parecchi errori di stampa che danno cifre inesatte. Così per es., Matteo nato il 1517 e morto il 1602, non era in età di 81 anni e 4 mesi, ma di 85 anni circa. Dovremo in seguito notare altre circostanze sulle quali taciono il BENIGNI e tutti, ma che si è costretti ad ammettere per porre d'accordo i fatti attestati da documenti autentici.

CAPITOLO III.
La gioventù di Alberico. Studj.

Nato, come dicemmo, Alberico l'anno 1550 in Sanginesio, compiuti gli studi della prima età, fu iniziato dal padre nella medicina. Ma sembrando meglio disposto alla giurisprudenza, fu mandato a studiarla in Perugia nell'anno 1569. Ivi trasse grande profitto dalle lezioni di Giampaolo Lancellotti, e dalla conversazione coi più chiari giureconsulti che allora vivevano a Perugia (17).

All'età di 22 anni, il 23 settembre 1572 ottenne la laurea nella ragion civile soltanto, e nel Novembre dell'anno medesimo, a riguardo dei meriti del padre, fu nomitato Pretore di Ascoli, nel tempo appunto che il padre suo esercitava la medicina in questa città (18).

Rimase Alberico tre anni Pretore o Podestà di Ascoli, e già vedemmo, sull'autorità del BENIGNI e del PICCART, che allorquando partì col padre per la Carniola, era tuttavia in quell'ufficio. Sopra ciò non può cader dubbio ragionevole, poichè il PICCART attinse i fatti dello stesso Scipione fratello di Alberico.

Non è però meno provato dai documenti e dalle autorità addotte dal BENIGNI, che Alberico GENTILI il 10 Novembre 1575 appena ritornato dalla Pretura di Ascoli, fu eletto avvocato del Comune di Sanginesio, « e a lui, benchè in giovanile età fosse, « affidavansi gli affari di maggiore importanza »

Ancora il 28 Maggio 1577, « essendosi rinnovato il Bossolo degli « avvocati della patria nostra (scrive il BENIGNI) vi fu collocato

---

(17) *Antich. pic.* Vol. VII. pag. XXVII. XXVIII. — C. G. HOFFMANN, nella prefazione alla raccolta citata, *De claris legum interpret.* dice che furono precettori di Alberico a Perugia: Odone Eugenio LANCELLOTTO, Rainaldo NONIO, CANTUCCIO, GALIFFO, SEVERO, e che ne fa memoria lo stesso Alberico nell' Orazione *De laudibus Academiae Perusinae.*

(18) Nell' *Elogio* di BENIGNI, *Antich. pic.* VII p. XXIX n. 142 è riferita la deliberazione degli Anziani di Ascoli che il 6 Novembre 1572 eleggono Pretore Alberico *intuitu D. Mattaei eius Patris, nostri medici.... respectu sui Patris et suorum virtutum eligatur Praetor.*

« anche il nome di Alberigo, come nelle riformagioni di quell'an-
« no chiaramente apparisce » (19).

Nè si tratta soltanto del nome di un assente, che si conservi
nel novero dei cittadini per affetto, gratitudine, od altro motivo; perchè l'anno medesimo troviamo che il comune, avendo deliberato di
riformare le leggi municipali, dà questo cómpito ad Alberico; ed
egli lo fornisce, e il 26 Ottobre del 1577 persenta già compiuto
il volume delle nuove leggi (20).

Finalmente il 28 febbraio 1578, il comune di Sanginesio
manda Alberico a trattare rilevatissimi affari col Cardinale Marc'
Antonio Colonna, Legato della provincia.

Essendo stato Alberico mandato in Inghilterra dal padre suo
verso l'anno 1579; la sua finale partenza dall'Italia deve cadere
intorno a questo tempo e non nel 1575, epoca della fuga del padre.

Conviene perciò ritenere che dopo averlo accompagnato a
Lubiana, ritornasse in patria, compisse la sua Pretura ad Ascoli,
e si rimanesse a Sanginesio negli uffici che vedemmo, fino a tanto
che i processi avviati contro Matteo stavano per involgere anche
lui nel medesimo pericolo.

A questa induzione non mi sembra possibile rifiutare l'assenso,
sebbene i biografi non facciano motto di tale ritorno, senza del
quale però non si potrebbero porre d'accordo i fatti provati.

Ciò ammesso, si può tuttavia in qualche modo accettare quanto
dice il Benigni, che cioè Alberico « non esitò un momento a seguitare
« il padre suo, e rubato alla madre il piccolo fratello Scipione, si
« trasferì con precipitosa fuga in loro compagnia nella Carniola » (21).
Può avere Alberico cooperato al rapimento di Scipione voluto
dal padre fin del 1574 o 1575, può aver preso fin d'allora il partito di seguirlo, può essere fuggito anche a precipizio nel 1578;
ma dal 1575 al 1578, non fu certamente profugo.

---

(19) *Antich. pic.* VII. p. XXIX.
(20) *Antich. pic.* VII. p. XXX.
(21) *Antich. pic.* VII. p. XXXI. — A conferma di quanto è qui detto giovi
ascoltare il Piccart, che dopo narrato il colloquio di Matteo colla moglie

CAPITOLO IV.

Alberico in Inghilterra.

Per le cose dette si fa chiaro che il soggiorno di Alberico a Lubiana fu molto breve. Nel 1579 suo padre mandollo in Inghilterra, e l'anno dopo ve lo seguiva.

Nel viaggio, Alberico si presentò al Duca di Wittemberg, il quale con larghe proferte cercò fargli accettare una cattedra di Diritto all'Università di Tubinga. Ma Alberico, qual che ne fosse il motivo, rifiutò così questa come l'altra cattedra ad Heidelberga, esibitagli dal Conte Palatino, al quale il Duca predetto avealo raccomandato (22).

Appena giunto in Inghilterra ottenne favore da Roberto Dudley conte di Leicester, cancelliere dell'Università di Oxford, che raccomandollo a Francesco Donne, celebre poeta, allora Prefetto del collegio nuovo di Oxford. Questi lo accolse ospite nel collegio medesimo, e si adoperò con affetto a procacciargli aiuti da private persone e dall'Università, che gli assegnò una piccola pensione.

---

sua, e il disegno fermato di partire con Alberico, così prosegue: » Unus ei men-
« tem altius insedit Scipio, cuius indolem ad omnia excelsa iam in puero no-
« tabat exactissimus censor, et sine eo vitam sibi omnem acerbam fore praevi-
« debat. Cum igitur Albericum *volentem et eadem iam secum diu sentientem*
« *facile ad sequendum se induxisset*, convasatis clam rebus et collectis sar-
« cinulis, acerbissimo vale uxori liberisque dicto, ex Italia in Carniolam vici-
« nam contendit: in itinere autem tuto quodam loco subsistens, Scipionem, quem
« amici paterni per speciem ludendi, honesto quodam plagio, e domo materna
« eduxerant, et anxio sollicitoque ob eam rem patri submiserant, tandem lu-
« benten laetis recepit, et *cum duobus his filiis* in eam, quam dixi, provin-
« ciam concessit. *Saepe mihi narravit hic, de quo agimus, Scipio*, grave
« matrem hoc nuncio vulnus accepisse, et cum patre suo, super hoc furto, dulci
« quadam amaritie per litteras expostulasse, unde qua virtute, qua animi firmi-
« tate foemina fuerit, non difficile est colligere . . . Porro hospes noster Mat-
« taeus Gentilis *cum comitibus suis*, ubi apud Carniolanos substitit sedem ibi
« ipse fixisset: Albericum in Britanniam misit, eumque amicis ibi quibusdam
« suis commendavit, per quos ei abunde prospectum, Scipionem autem nostrum
« Tubingam ablegavit (*Laudatio fun. Scipionis Gentilis.* pag. 30. 31.)

(22) *Antich. pic.* VII. p. XXXI.

Alla fine del 1580 venne aggregato alla facoltà giuridica dell'Università di Oxford, e nel 1582 fu eletto professore di Giurisprudenza nel collegio di S. Giovanni Battista. In questo collegio insegnava Giovanni Ottomanno, col quale Alberico strinse intima e durevole amicizia. Ottomanno procacciò ad Alberigo la protezione di Odoardo Diero e di Arrigo Sidney, lord deputato d'Irlanda, il quale gli affidò l'istruzione del proprio figlio Filippo, che viene ricordato fra gli uomini illustri del tempo suo. Questo e altri giovani di grandi casati, ch'ebbe in cura quale professore, gli acquistarono validi protettori. Per questo mezzo e per gli uffici del padre, tenuto in gran conto per la riputazione che godeva di medico valentissimo, venne in favore alla corte, sicchè la regina Elisabetta nel 1584 lo nominava professore all'Università di Oxford (23).

Nel 1589 condusse in moglie Ester Peygni, d'origine francese; nè le cure della famiglia lo distolsero dagli studi, come lo provano le molte Opere da lui pubblicate, che gli accrebbero i protettori, senza salvarlo dai giudizi talvolta molto severi dei contemporanei e dei posteri.

L'Opera sua principale, quella cioè *De iure belli*, fu da lui messa a stampa in quest'anno 1589.

Segnalato fra i proteggitori di Alberico fu il Conte d'Essex gran favorito di Elisabetta; ma l'amicizia di questo personaggio arrischiò di volgersi in occasione di rovina per Alberico.

Pochi anni prima della morte di Elisabetta (avvenuta il 24 Marzo 1603) l'Essex (Roberto Devreux, figliuolo di Gualtiero), il conquistatore dell'Irlanda, e come il padrigno di lui conte di Leicester, l'amante della regina negli ultimi tempi, cadde in sospetto di congiura contro Elisabetta, e fu mandato, come tant'altri, dalla casta e buona regina al patibolo, il 25 Febbrajo 1601.

Nel sospetto, che condusse a morte il conte d'Essex, vennero involti gli amici di lui, alcuni de'quali si salvarono colla fuga; e non si sa bene il perchè, anche Matteo Gentili venne in voce di

---

(23) *Antich. pic.* VII p. XXXII. XXXIII.

aver preso parte col figlio Alberico in una sollevazione avvenuta intorno a quel tempo, che fu circa la fine del secolo XVI.

Il BENIGNI, principale biografo e lodatore di Alberico e degli altri uomini d'ingegno ch'ebbe la famiglia Gentili, a questo proposito scrive: « Noi non possiamo certamente crederlo (il padre) » reo di così infame delitto, perlochè i suoi figliuoli e singolar- » mente il primo, aveva da quella regina, oltre la cattedra del » Diritto ad Oxford, anche considerabili benefizi ricevuti. Oltre a » ciò l'aver eglino tanto valorosamente scritto sulla podestà asso- » luta dei monarchi, e l'aver declamato in tanti libri contro di co- » loro che ardissero di ribellarsi e di congiurare sulla vita dei Principi, » è certamente incontrastabile argomento delle buone massime di » fedeltà che nel padre e ne' figliuoli erano altamente radicate (24).

Il non avere incorso la triste sorte del conte d'Essex, nè sofferto altro danno, prova che il sospetto fu dissipato, che hanno potuto, e il padre e il figlio, dimostrare con efficaci argomenti la loro innocenza: lo nota pure il BENIGNI in altro luogo (25). Certamente dai benefici ricevuti non si potrebbe, senz'altro, argomentare con sicurezza la fedeltà al benefattore, specialmente entrandoci di mezzo i densi vapori delle fazioni, sotto gl'influssi delle quali, quando torni a conto, non è raro vedere scusata come lieve macchia la più grave sconoscenza, se pure non la si esalti come eroica virtù.

Nell'esordio della sua Orazione: *De maledictis in principem*, Scipione GENTILI esprime il dolore ch'ebbe provato nel ricevere la notizia dei tumulti e della cospirazione, pensando che aveva in Inghilterra il padre e il fratello; e la consolazione recatagli dall'aver saputo » *Dei benignitate, et sapientissimi Pricipis singulari virtute consedisse omnes illas turbas.* Non è però vero quello che dice il BENIGNI, che Scipione adducesse « con molta

---

(24) *Antich. pic.* Vol. VII. pag. XXIII. XXIV.
(25) Ivi pag. XXXIV.

» eloquenza validissimi argomenti per confutare l'accusa » che pesava su Matteo e su Alberico, della quale non fa motto, (26).

In una delle tante sollevazioni avvenute in Inghilterra in quegli anni procellosi, fu gravemente involto D. Bernardino di Mendozza, ambasciatore spagnuolo presso Elisabetta, e si pensava di arrestarlo e giudicarlo con tutta la severità delle leggi Britanniche. Il Mendozza si fece difendere da Alberico, « il quale (scrive il » BENIGNI) con quella maschia eloquenza, con cui si rendeva si- » gnore degli animi altrui, prese a dimostrare che il carattere di » legato, in tutti i tempi e presso le nazioni anche più barbare, » è sempre stato inviolabilmente sacrosanto, e che la di lui si- » curezza proviene dal proprio ufficio e dalla sua stessa rappre- » sentanza, in vigor della quale, per una certa finzione, viene » considerato per la persona stessa che lo ha delegato. Quindi » provò maravigliosamente, che l'Ambasciatore rappresentando la » persona del principe, debbe per comune consentimento essere ri- » guardato come affatto esente dalla giurisdizione di quello, presso

---

(26) BENIGNI *Antich. pic.* Vol. VII. pag. XXIV e Vol. VIII p. XL. — BAYLE nel *Diction. histor.*, all'art. *Gentilis Scipion*, non fa cenno di questa Orazione di Scipione: *De maledictis in principem*, che pur si legge alla pag. 203 del Vol. V. delle sue Opere, ediz. Gravier, insieme ad altre scritture, tutte unite sotto il comune titolo di *Liber II. de coniurationibus.* Nemmeno il PICCART la rammenta nel catalogo delle Opere di Scipione, dato in fine della sua *Laudatio;* catalogo che il BAYLE giudica inesatto; e lo è. Importa poco il cercare fin dove giunga questa inesattezza. Piuttosto si vuole stare sull'avviso per non lasciarsi trarre in errore, in questo e altri casi, dalla somiglianza di titolo. Così nel catalogo dato dal PICCART, fra le Opere di Scipione se ne trova una: *De iure belli.* Chi si fermasse al solo titolo sospetterebbe un grosso sbaglio, perchè l'Opera *De iure belli* non v'ha dubbio essere di Alberico. E pure Scipione ha veramente una *Disputatio de iure belli*, ch'è una serie di CV. Tesi senza svolgimento, come v'hanno di lui altre scritture somiglianti, che formano il suo: *Disputationum illustrium, sive de iure publico populi romani liber ad Nobilissimum Chistophorum Pflugium*, che sta nel Vol. I. delle sue opere, ediz. Gravier e fu inserito pure nel T. I. dei supplementi del Poleni al Tesoro di Grevio e Gronovio, edizione di Venezia 1737. Queste CV. Tesi di Scipione sono probabilmente desunte dall'Opera di Alberico: *De iure belli*, pubblicata nel 1589, quando Scipione aveva 26 anni.

» il quale risiede, e che il principe, a cui è legato, quando lo
» trovi nocivo a sè ed a' suoi stati e perturbatore della pubblica
» quiete, non ha altro diritto che di rimuoverlo dal suo territorio
» anche usando la forza, quando lo richiegga il bisogno, ma ser-
» bando però sempre illesa la di lui persona. » Così Alberico
salvava il Mendozza, che fu solo rimproverato e fatto partire su-
bito dall'Inghilterra (27). Questo fatto dev'essere avvenuto ne'
primi tempi del suo soggiorno nella Grambretagna, perchè Alberico
tocca di questa sua difesa nel Lib. II. cap. 18. della sua Opera:
De legationibus, la cui prima edizione è del 1583.

Il buon esito di questa, per verità ardua difesa, gli procacciò
stima e fiducia dal Re di Spagna Filippo III, che gliene mostrò il
suo gradimento e gli promise generosa ricompensa. Salito al trono
d'Inghilterra nel 1603 Giacomo I. e venuto il momento di fare la
pace tra Spagna e Inghilterra, fu scelto Alberico come avvocato della
corona di Spagna e degli Spagnuoli dimoranti in Inghilterra, in
tutte le controversie non solo private *sed quaedam etiam publicae
de iure belli, de iure regnorum ac foederum, ut omnium illarum
causarum advotationem, in se se, honorifico salario constituto
patrociniumque reciperet* (28).

Questo onorevole incarico assunse Alberico anche col permesso
del re Giacomo, nella grazia del quale non fu meno che in quella
di Elisabetta.

Lo svolgimento delle gravi quistioni specialmente di Diritto
marittimo, ch'ebbe a trattare in tale sua qualità, si ha nella sua
opera: *Hispanicae advocationis libri duo*, messa a stampa dopo

---

(27) *Antich. pic.* Vol. VII. p. **XXXVII-XXXVIII**.

(28) Si hanno tutte queste notizie dal BENIGNI, *Antich. pic.* pag. cit. e pag.
XLIV. Ma è difficile metter d'accordo le date. La difesa di Mendozza, dev'essere
anteriore al 1583, poichè Alberico ne fa veramente cenno, sebbene non al tutto
espresso, nel citato Capo 18. del Libro II. *de Legationibus*, operetta che pubblicò
in quest'anno 1583. Ma che siano passati sedici anni innanzi che il re di Spagna
facesse conoscere il suo gradimento? Poichè Filippo III. salì al trono nel 1598,
alla morte di Filippo II.

la morte di lui, per cura di suo fratello Scipione. Questa è o la sola o una delle poche Opere postume di Alberico, poichè nel suo testamento ordinava fossero soppresse tutte quelle che lasciava incompiute (29).

Morì Alberico il 19 Giugno 1608 in causa di malattia contratta coll' eccessivo lavoro, per le Opere che pubblicava e la difesa delle cause spagnuole.

E morì a Londra e non ad Oxford. Anzi pare che ad Oxford abbia dimorato solo quanto richiedeva l' ufficio suo; ma che il principale domicilio avesse a Londra; poichè a Londra visse e morì il padre suo e a Londra gli nacque il figlio Roberto (30). Dei 58 anni ch' ebbe di vita fu quindi professore a Oxford per 26 anni; 2 al collegio di S. Gio. Battista e 24 all' Università. Lasciò oltre Roberto, altri figli in tenera età, dei quali non trovammo alcuna notizia (31).

Va per molti libri un Epitaffio, riportato anche dal BENIGNI, che parrebbe essere stato scolpito, o almen destinato al sepolcro di lui: ma tutti si accordano nell' attestare, non esser noto dove Alberico sia stato sepolto. Si narra che fu deposto presso il padre, come aveva ordinato nel suo testamento, e null' altro: la iscrizione nessuno vide scolpita. Nei libri che la recano essa dice così (32):

D.   O.   M.   S.

ALBERICO GENTILI *iurisconsulto clara atque praestante familia in provincia anconitana nato anno aetatis XXI. docturae ornamenta Perusii adepto pauloque post in nobilissima Italiae civitate Asculo iudici aliisque honoribus magna laude perfuncto postremo regiae Accademiae oxoniensis per XXVI annos legum professori plurimis editis ingenii monumentis celeberrimo*

---

(29) *Antich. pic.* Vol. VII. pag. XXXIX. XLIX. Anche qui bisogna ingegnarsi a cavare un costrutto dalle cose varie e delle date varie del BENIGNI. Molto dipende però da errori di stampa, che non importano nulla per la sostanza.

(30) *Antich. pic.* VII. p. XLII e LII.

(31) ivi p. XLIII.

(32) ivi p. XL. - XLII.

optimeque de republica merito Regiae Catholicae Hispaniarum maiestatis subditorum constituto (ob eximiam virtutem et doctrinam) advocato in Anglia perpetuo hoc in loco una cum optimo et clarissimo patre D. Matthaeo Gentili Carniolae Ducatus Archiatro filiolaque dulcissima in Christo Iesu requiescenti.

H. M. P. estera Gentilis de Peygni marito optimo charissimo et honoratissimo. Obiit Londini anno MDCVIII. aetatis LVIII.

CAPITOLO V.
Valore e carattere di Alberico secondo i suoi biografi ed altri scrittori.

Il più copioso e accurato biografo e lodatore di Alberico e degli altri uomini segnalati ch' ebbe la famiglia Gentili, il BENIGNI, dal quale principalmente attignemmo le cose finora dette e quelle che stiamo per dire, in questa prima parte del nostro lavoro, osserva che dalle opere di lui si può agevolmente formarsi un concetto del suo valore scientifico, senza ripetere le lodi singolari che da parecchi scrittori gli vennero tributate. Al trar de'conti però le lodi e i biasimi si riferiscono a ciò che di buono o di non buono c' è nelle sue Opere.

Studio principale di Alberico fu la Giurisprudenza; ebbe molte cognizioni di Storia e vasta erudizione in parecchie altre discipline: avea in uso di mettere in carta ogni cosa che udisse anche da persone vulgari, per farne suo pro: verseggiava facilmente, ma il padre suo lo distolse dall' attendere alla poesia, giudicandolo non molto provveduto naturalmente del genio poetico (33). Però a giudizio del BENIGNI medesimo maggior lustro recò alla sua famiglia il fratello Scipione, come vedremo meglio in seguito (34).

---

(33) *Antich. pic.* VII. pag. XXIV - XXV. XLIII. XLIV.
(34) Capitolo VII. di questa Parte I.

E infatti il nome di Alberico è passato alla posterità princicipalmente a cagione della sua Opera *De jure belli,* perchè essa
diede a Grozio l'esempio e l'eccitamento a trattare più ampiamente il grave argomento. Qualche altra delle sue Opere di giurisprudenza non è affatto dimenticata e qua e colà si rinviene.
Tutto il resto dei suoi molti lavori è poco ricordato e di una
rarità straordinaria, e lo era anche al tempo del BENIGNI, che
confessa d'aver veduto pochissime delle Opere d'Alberico: del
maggior numero fa cenno per relazione altrui (35).

Quanto al carattere di Alberico, il BENIGNI, che pur tanto lo
esalta, ne parla in termini alquanto duri, scrivendo: « Il suo ca
« rattere era invidioso, altero, e disprezzante. Per dar saggio del
« suo talento, egli si fece conoscere amante di contraddizione e
« di un ingegno volubile. Nel suo libro *De armis romanis,* meglio
« che altrove, si ravvisa il suo carattere, giacchè nella prima parte
« dimostra, che i Romani furono ingiusti in tutte le azioni loro,
« e nella seconda prova tutto il contrario » (36).

E nella nota a questo luogo, ritoccando le contese con un
medico tedesco, del quale è taciuto il nome anche da Alberico, che
di tali contese fa cenno nella sua Orazione in lode della Università
di Oxford (37), il BENIGNI dice: « Veggasi di grazia con quanta
« alterezza egli si scagliò contro il medico tedesco, che lo aveva
« offeso, e come inalzò sè medesimo nella più volte citata Orazione
« in lode dell'Università di Oxford. »

Nei *Dialoghi,* che sono la prima sua opera, scritta in fretta
all'età di 31 o 32 anni, « palesò più acerba nimistà contro Fede
« rico Ottomanno, Iacopo Cuiaccio, Francesco Duareno, *et huius*
« *notae alios proh superum fides! quos homines imo verius, quae*
« *iurisprudentiae ornamenta!* » (38).

---

(35) *Antich. pic.* VII. pag. LI. LII. Si vegga il catalogo che diamo nel
seguente Cap. VI.
(36) ivi pag. XLIII.
(37) ivi pag. XXXV.
(38) Ibidem.

Il giudizio aspramente severo di Alberico specialmente sopra
Cuiaccio accese una lotta assai viva fra i partigiani di Cuiaccio
e quelli che tenevano le parti di Gentili, della quale discorre il
celebre Di Gennaro nella sua *Respublica Iurisconsultorum.*

Nella quale Opera lodatissima, il vivace scrittore napoletano
parla sovente dei *Dialoghi* di Alberico, e ne trae le accuse di plagio,
sino a un certo punto giuste, contro parecchi interpreti del Diritto
suoi contemporanei, non risparmiando ad Alberico colpi crudeli. Il
Di Gennaro, dopo avere discorso di altri avversarî di Cuiaccio,
scrive così: « Unus prae caeteris audacior, et indomabili superbia
« ferox, veneno et aculeis armatus, impetere adortus est. Quem
« putatis? Albericus Gentilis. Hic Cuiacii famae, hic honoribus
« obstare, hic excitare turbas, hic per iocos et facetias, saepe frigidas,
« nonnunquam etiam stomachosas, nomen deridere, sive domi,
« sive in trivio nihil habere in deliciis magis, quam in Cuiacium
« spiculam vibrare, etc. » (39).

E qui riferisce le invettive di Alberico contro Cuiaccio, e cita i
Dialoghi di Alberico; e in generale nota in molti il mal vezzo di
saccheggiare gli scrittori senza citarli, e talvolta coprendoli di villanie.

Il Di Gennaro si rifà sovente sopra i *Dialoghi*, e non lascia
occasione di rappresentare Alberico, attingendo agli avversarj di lui,
sotto colori non belli. Ad uno degli interlocutori che introduce, il
Di Gennaro mette in bocca le seguenti parole: « Albericus Gen-
« tilis Anconae natus, audax supra vires ac aetatem, inter alia,
« *Dialogos*, trigesimum annum agens, conscripsit. Alciatum, Cuia-
« cium, Donellum, Hotomannum, et huius notae alios, proh superum
« fides! quos homines, immo verius quae iurisprudentiae orna-
« menta, acriter, et instar insanientis, perstringit, mordet, dilaniat.
« Totus est in laudandis antiquis Glossatoribus: in his suae deliciae,
« suus amor, sapientia sua. Hos recentioribus interpretibus, viris,
« mira eruditione pollentibus, impudenter anteponit; quot somnia

---

(39) Iosephi Aurelii De Ianuario, *Respublica iurisconsultorum*, edit. novis-
sima emendatior, Neapoli 1767, pag. 155. 156.

« fingit, quas sectatur inanias, ut solenniter, et cum plausu ridi-
« culum se praebeat: et tamen insoles est, ac tumet.... Sunt qui
« sentiunt, Albericum haec non serio scripsisse; cum ipse calluerit,
« quae improbabat. Lepida res hercle, et digna pleniore cachinno:
« nugas hi tentant persuadere, et nobis palpum obtrudere: non
« placet, non credo. Illud verum est, illud certissimum, familiarem
« Alberici genium invidiam fuisse: hac perdite teneri, et, huius
« stimulis actum, hoc pertractandum suscepisse argumentum. In his
« Dialogis, ubi formandum sibi Iurisconsultum instituit, ambigitur
« utrum impedimenta promoveat, an expellat. Videte, quaeso,
« quid hoc suavis insaniae sit! Lectio, inquit, eruditorum nocet.
« Demus ergo nos antiquis Glossatoribus, etc. »

Altrove lo chiama: *homo truculentus ac seditiosus et auda-*
cter inverecundus... Egregius rerum absurdarum magister, peri-
tissimus artifex ineptiarum; e contro gli eruditi de' tempi suoi, lo
dice *nimis infensus* (40). Ma di queste frasi veementi, pur troppo assai
comuni nelle invidiose gare letterarie, non è da tenere gran conto.

Piuttosto duole il dover dire, che il BENIGNI, il quale assunse
di fare anzi il panegirico di Alberico, che non la semplice narrazione della sua vita, nell' atto medesimo che cerca difenderlo dalle
censure del DI GENNARO, adduce scuse che sono peggiori, si direbbe, delle colpe. Infatti il DI GENNARO per lo più mette in iscena
gli oppositori al GENTILI nella vivissima contesa; e le parole troppo
pungenti si possono avere in conto di esagerazioni assai facili a
sfuggire nel calore di una focosa polemica. Ma lasciamo al lettore
il decidere quale giudizio si debba proferire, dopo lette le osservazioni del BENIGNI, circa la lite suscitata dai Dialoghi di Alberico,
paragonandole con quel poco che riferimmo a verbo dal DI GENNARO.
Ecco le parole del BEGIGNI, alle quali aggiungiamo soltanto qualche cenno tra parentesi.

« Si mosse egli a scrivere questi Dialoghi dal vedere che i
« mentovati giureconsulti avevano riempiuti i loro scritti di villa-

---

(40) *Respub. iurisconsult.* pag. 157 a 160; 196 e seg. 217. e seg. 283.

« nie e d' ingiurie, ond' egli era costretto ad odiar coloro, che prima
« aveva amati, e in singolare stima tenuti. Grandissimo rumore
« cagionò quest' opera, giacchè i fautori di questi grand' uomini, e
« singolarmente quelli di Cuiaccio, suscitaronsi contro il Gentili,
« e cercarono di screditarla. Il primo, che, sebbene fosse amico di
« Alberico, disapprovò questi Dialoghi, fu Gio. Ottomanno figliuolo
« di Francesco (*uno dei maltrattati da Alberico*), come rilevasi
« da una lettera (41) del medesimo Gentili. In appresso debbonsi
« numerare due celebri giureconsulti del nostro secolo (XVIII)
« Everardo Ottone l'uno, Giuseppe Aurelio di Gennaro l'altro. Si
« pose il Sig. di Gennaro ad esaminarli distintamente nell' im-
« mortale suo libro della Repubblica de' Giureconsulti, ma il ci si
« perdoni, si è lasciato soverchiamente trasportare più dalla pas-
« sione del Cuiaccio, che dall' amore del vero. Dobbiamo certamente
« accordargli, che lo sbandire dalla giurisprudenza la cognizione
« istorica delle romane leggi, e il togliere da essa i principj della
« critica, siccome vorrebbe Alberico Gentili, sarebbe un rin-
« novellare l' antica barbarie, e con essa riprodurre al mondo
« quella grossa ignoranza, che per tanti secoli, con danno così
« notabile, ha regnato in Italia. Dovrà però egli confessarci, che il
« Gentili dirittamente operò nel rimanente di questa sua Opera,
« che profondissime cognizioni egli sparse per entro di essa, e che
« astruse e intricate questioni legali vi disciolse. Confessò Alberigo

---

(41) Le parole di questa lettera di Alberico a Donello riferite dal BENIGNI
(*Antich. pic.* VII. pag. XXXVI, nota 180*)* sono queste: « Et iure id quidem,
« nam unus Denellus, ex tribus illis primariis Galliae iuris interpretibus, est
« qui non solum doctius et solidius, sed graviter etiam scribit: hoc est sine
« maledictis, et contumeliis, quorum plena sunt duorum scripta: et tamen haec
« sapiunt nihil prudentiam iuris. Ego certe sic sum ex eo genere scribendi of-
« fensus, ut quos antea amaverim, post potuerim etiam odisse. » Di quì il
Benigni trae la prova di un abbaglio preso dal DI GENNARO, che novera Donello
fra gli srittori accusati da Alberico. È vero che Donello fu risparmiato, com' è
pur vero che sono da Alberico lodati altri, e specialmente i dottori di Perugia
(l. c. p. XXIX). Donello era un grande amico di famiglia, al quale suo fratello
Scipione doveva assai (l. c. p. XXXIII). Nel Dialogo' V. Alberico lo chiama:
eruditissimus clarissimusque. (Panciroli, ed. cit. pag. 633.)

« medesimo all'Ottomanno: *falsas esse sententias, sed et falsas*
« *magis, absurdas, et fatuas assertiones maximorum virorum*
« *audivimus* (che bella giustificazione!) ... *Rogo igitur misso*
« *substantiae praedicamento, tu meos dialogos quales censes?*
« Approvati per questa ragione vennero dal celebratissimo Offman-
« no, assicurando egli che il Gentili possedeva in sommo grado
« l'istoria e la critica, e che di esse chiarissimo saggio ha dato
« nelle sue opere. Si uniscono al sentimento dell'Offmanno il chia-
« rissimo conte Mazzucchelli padre della istoria letteraria del-
« l'Italia nostra, Monsignor Gradenigo ed altri celebri letterati,
« confessando, che il Gentili scrisse i suoi Dialoghi o per ischerzo
« o per effetto d'invidia, o per desiderio di contraddizione *(tre*
« *scuse una peggiore dell' altra)* riempiendo l'Opera, nell'atto
« medesimo che disapprovava la storia e la critica, di molte co-
« gnizioni ad esse appartenenti. Non potrà neppure negarci l'eru-
« ditissimo di Gennaro, ch'egli è più utile alla repubblica l'esporre
« ne' tribunali le cause nella maniera proposta dal Gentili, che il
« soverchiamente distendersi in apportare al giudice erudizione
« greca e latina. (*Ma non è questo di che si disputa: si*
« *tratta del buon metodo per apprendere la giurisprudenza,*
« *per intendere il senso delle leggi romane rettamente; non*
« *già del modo migliore di adoperarle nel foro).* Singolare stima
« si deve all'Alciato ed al Cuiaccio, che ci han tolto l'antica bar-
« barbarie, ma non debbonsi neppur trascurare gli antichi inter-
« preti, che pe' primi ci hanno appianato la strada. Merita biasimo
« il Gentili per aver malmenati i primi ne' suoi Dialoghi e per
« averli anteposti (*cioè posposti*) ai secondi, ma non dovea per
« questo appellarsi *homo truculentus ac seditiosus* e quindi *egre-*
« *gius rerum absurdarum magister, peritissimus artifex ine-*
« *ptiarum,* con altri ingiuriosissimi titoli che quì tralasciamo » (42).

L'OFFMANN, nella prefazione al PANCIROLI, parlando di Alberico
GENTILI, i cui Dialoghi metteva in quella raccolta, dopo averne

---

(42) *Antich. pic.* Vol VII. pag. **XXXV-XXXV**II.

esaltato l'ingegno e le cognizioni, aggiunge questa sentenza, notevolissima sotto la penna di un aperto lodatore: *In omni litterarum genere fuit versatissimus, ingenii autem aliquanto invidiosi et contradicendi studio laborantis.* (43).

BAYLE, nel suo *Dictionnaire historique,* all'art. GENTILIS ALBERIC, scrive « Il y en a quelques-uns (de ses ouvrages) ou il ne donne « pàs tout-a-fait dans les hypotheses des Protestans; car peu s'en « faut que sa dispute touchant le premier livre des Maccabées ne « soit une apologie indirecte de ceux qui le tiennent pour cano- « nique. On peu faire un semblable jugement à peu-près du Traité « qu'il composa contre ceux qui blâment le latin de la Vulgate ». E nella nota, allo stesso proposito del poco zelo di Alberico per le ipotesi protestanti, pur essendo fuggito dalla patria pel solo motivo di professare liberamente il protestantesimo, come nell'articolo stesso aveva notato, aggiunge quanto segue: «Voetius s' en « est très-bien apercu. Il raconte que Jean Howson, Theologien « de Oxford, soutint dans une These publique le sentiment des « Catholiques Romains sur l'indissolubilité du mariage, savoir que « l'adultere peut bien être une raison legitime de se separer d'une « femme; mais non pas une raison qui donne le droit de se ma- « rier à une autre. Un théologien anglais qui se nommoit Thomas « Pyus ecrivit contre ce dogme de Jean Howson. Celui-ci se dé- « fendit, et composa une Apologie qui fut imprimé à Oxford, in « 4, l'an 1606, avec la these et avec deux Lettres, l'une de Jean « Reynoldus à Thomas Pyus, l'autre de Alberic Gentilis à « Jean Howson. Notez que Reynoldus censura Pyus d'avoir « débité certaines choses qui n'etoient point exactes; mais il « persistait dans la doctrine qu'il avait deja soutenue contre « Bellarmin dans un livre anglais touchant le divorce. Gentilis « biaisa, et fit connaitre qu'il ne savait que penser sur cette « question. Et néanmoins dans son onvrage *De Nuptiis* il s'etait

---

(43) Op. cit. nella nota 5. - La prefazione dell' Hoffmann non è numerata. Di Alberico GENTILI parla nelle pag. che dovrebbero portare i n, 12 e 13.

« declaré pour la doctrine ordinaire des Protestans. Voetius
« ayant narré tout cela y joint une reflexion qui merite d' être
« rapportée. *Iste* (Albericus Gentilis) *in hac Epistola haud ob-*
« *scure fatetur se fluctuare, quamvis antea in libro de nuptiis*
« *affirmantem sententiam tradidisset. Sed nescio quomodo Albe-*
« *ricus Gentilis vastae eruditionis Reynoldianae, et theologiae*
« *ipsius tanquam nimis purae et reformatae in dogmatibus*
« *et in practicis, si non aemulum (de quo quidem ex singularium*
« *factorum gnaris, aliquid audisse memini) se ostendere, sal-*
« *tem suspectum se reddidisse videatur diatribis suis de vul-*
« *cata versione, de actoribus fabularum, de abusu mendacii etc.*
« *in quibus tam longe ac disciplina reformata, a moribus an-*
« *tiquis Academiae Perusinae* (44) (*ubi antea ius professus*
« *erat) non abibat. Sed haec in tanta omnium imperfectione*
« *miseriae humanae pars non minima* » (45).

L' ultima conclusione, che balza agli occhi da tutto questo si
è, che, pure a giudizio di scrittori protestanti, e che parlano da
protestanti, - l' apostasia così solenne di Alberico GENTILI, non bastò
a torgli dall' animo del tutto i ricordi delle dottrine cattoliche.

Dinanzi a tale concordia dei lodatori e degli impugnatori di
Alberico nel mostrarlo quale uomo invidioso, altero e vago di
contraddirsi, parrebbe meglio confessare i difetti, che non addurre
giustificazioni vane e peggio. Lo stesso OFFMANN, addotte quelle
scuse, che ripete il BENIGNI, conchiude dicendo: *Quod si ita se*
res habet, humani aliquid eum fuisse passum fateamur (46).

---

(44) Il BENIGNI, *Antich. pic.* Vol VII. pag. **XXXV.**, nota qui come errore
l' asserto che Alberico Gentili abbia professato la Giurisprudenza a Perugia. Pare
che intenda il professare nel senso d' insegnare, e in ciò avrebbe ragione. Però
il *professus est* non importa propriamente e solamente il magistero, sì anche
il far professione comunque della Giurisprudenza, collo studiarla, colle prove
date per ottenerne la laurea e coll'esercitare da poi gli uffici del Giureconsulto.
E Alberico, come vedemmo, studiò a Perugia e fu laureato a Perugia.

(45) L' Opera e il luogo qui citati sono: Gisberti VOETII *Politicae ecclesia-*
sticae. Vol. II. pag. 171. edit. Amstel. 1666.

(46) Nella cit. Prefaz. al Panciroli, pag. 13.

Come per es. confessiamo noi riguardo al vanto che mena Alberico di aver egli dovuto per primo cavar dalle tenebre il *ius légationum* e il *ius belli*. Nel suo voluminoso commentario al titolo dei Digesti *de verborum significatione*, nel quale non meno che in altre sue Opere, vi ha gran copia di quella erudizione che disprezza in altri, giunto al fr. 118 di Pomponio: *Hostes hi sunt, qui nobis, aut quibus nos pubblice bellum decrevimus, ceteri latrones, aut praedones sunt;* vi fa sopra questa chiosa: « Multa iuris gen-
» tium Pomponius tractavit ad Q. Mutium: quae si extarent, *nos*
» *in ignoratione illius iuris non ita versaremur: neque ipsi nos*
» *primi ex tenebris eruissemus, ut fecimus, ius legationum, et*
» *ius hoc belli*. Vide nostras commentationes de jure belli » (47).

Quanto fondamento abbia cotesto vanto di priorità per l'Opera *De iure belli,* apparirà da ciò che diremo nella Parte II.

Circa poi la dottrina giuridica delle ambascierie, che Alberico svolse nei suoi tre libri *de Legationibus,* al solito con gran copia di erudizione storica, non a torto si potrebbe averli in conto di prima scrittura sull'argomento, a paragone di quelle di Ottaviano MAGIO e di Francesco LE VEYER (48), se altro prima di lui non ci fosse. Ma se non meritano neppure di venire accennate le due pagine di Martino GARRATI di Lodi, professore a Siena nel secolo XV., *De Legatis principum* (49); è impossibile dimenticare la grande Opera dell'illustre giureconsulto Corrado BRUNN, della quale dovremo far cenno nel Capitolo seguente, N.º II., Opera anteriore ad Alberico di 35 anni, che è duro a credere essere stata da lui così compiutamente ignorata, da doversi attribuire a puro caso i riscontri tra essa e i Libri di Alberico *de Legationibus.* Anche Baldassarre AYALA, nell'Opera, *De iure et officiis bellicis* (50).

---

(47) Alber. Gentilis, *Opera iuridica selectiora*, T. II. pag. 317. Neapoli, 1780.
(48) Si vegga nel seguente Cap. VI. il Catalogo delle Opere di Alberico, n. II.
(49) Queste due pagine di Martino GARRATI, *De legatis principum,* si trovano nella grande collezione intitolata *Tractatus illustrium in utraque iuris facultate iurisconsult.* Venetiis 1584, T. XVI. pag. 213.
(50) Lib. I. Cap. IX,. pag. 155 dell' ediz. di Anversa 1597.

della quale faremo cenno nella Parte II. Cap. VI. ha un Capitolo *de iure legatorum*. Ma quest'Opera è posteriore a quella del GENTILI.

Se alcuno bramasse conoscere com'entri fra gli avversari di Alberico, Everardo OTTONE, che vedemmo soltanto indicato dal BENIGNI, eccoci a compiacerlo. Nella raccolta di Opuscoli altrui fatta da Everardo, si leggono i due Libri del FORSTER, *De iuris interpretatione*. Nel Lib. I. il Cap., V. *De historica interpretandi ratione*, incomincia così: « Albericus Gentilis, vir alioqui doctus, ita « fere sentit; historiam non esse cur legat iuris interpres, et dolet « in historiis se tantum temporis consumsisse. *Nec enim*, inquit, « *operae pretium tuli, dum hoc unum etiam in me cognosco*, « *quam inaniter tempus ludamus ubi solis prudentiae civilis* « *libris Professores non vocamus indesinenter*. Gent. 4. *Epist.* « *et lect. in praefat*. Sed hoc ineptum iudicium nominat Tile- « mannus noster *in praefat. ante discurs. Philologic*. Nec im- « merito sane. Nam ut ait Augustinus; *Historia plurimum nos* « *adiuvat ad sanctos* (nos dicamus *iuris*) *libros intelligendos*, « etc. Aug. lib. 2. de doctr. christian. Cap. 28. (51) » E qui il FORSTER prosegue mostrando e colle ragioni intrinseche e coll'autorità altrui, quanto siano necessarî gli aiuti della storia a bene intendere le fonti del Diritto romano.

È uno scritto questo del FORSTER, che non sarebbe male venisse meditato anche oggidì; giacchè, se non pochi sono convinti dell'importanza degli aiuti storici e filologici per intendere a fondo il senso delle antiche fonti giuridiche, e con ciò lo svolgimento e la struttura intima del Diritto romano; non mancano tuttavia molti ancora, che non hanno alcun giusto concetto del gran valore di tali sussidî per cavare buon frutto da quella ricca miniera di sapienza giuridica, che sta racchiusa nelle viscere delle fonti romane; non mancano di molti, che reputano sufficiente e opportuna cosa porre a riscontro,

---

(51) Everardi OTTONIS *Icti et Antecessoris*, *Thesaurus iuris romani, continens rariora meliorum interpretum Opuscula, etc. Basileae* 1744, in fol. *iuxta exemplar Lugduni Batavorum*. Tom. II. col. 976.

di tratto, un frammento delle Istituzioni e un articolo di qualche Codice moderno, rimasto addietro di mezzo secolo dai progressi fatti nel campo del Diritto civile. Chi si conosce di queste cose ci comprende senz' altro: per chi crede si possano rilevare gli studî scaduti, con solo nuovi regolamenti scolastici, senz'altro conforto efficace nè per chi insegna, nè per chi studia, è inutile spender parole.

Non vogliamo fermarci sopra il vizio dell' invidia rimproverato ad Alberico, vizio pur troppo non raro negli uomini di lettere. Dispiace tanto più il trovarlo in lui perchè senza esagerar nulla, e senza metterlo al di sopra di altri e del suo stesso fratello Scipione, che gli entrano innanzi, tuttavia non si può negargli molto ingegno e molto sapere. Appena si può compatire in quei mediocrissimi, che s' adombrano di chiunque veggano camminare spedito, e sembrano dirgli: fermati, altrimenti io non potrò giungere il primo alla metà.

Ma se l' invidia può spiegare la febbre di contraddire agli altri, non spiega punto la vaghezza di contraddire a sè stesso, che il Di Gennaro specialmente rimprovera forte al Gentili (52). Fu vezzo questo dei sofisti antichi, lo fu di parecchi del tempo suo; tanto più da deplorare, quanto più cada sopra capitali dottrine. Ma intorno a questo *aliquid humani*, è bello non indugiarsi a lungo. A voler tenere conto di tutte le forme che assumono, e de' varî scopi a riguardo de' quali si appalesano le umane contraddizioni, si troverebbe in ogni tempo gran numero di uomini di tante fedi e di tante coscienze, quante ha divisioni la rosa dei venti. Poichè è ben altra cosa l'emendare e lo smettere un errore, dal volgere le spalle alla immutabile verità, dal sostenere il pro ed il contro, secondo l'utile materiale dal momento; e dal lasciare in disparte e calpestare ed opprimere gli uomini fermi nelle nobili convinzioni e nei retti propositi perseveranti, che pure in cuore si è costretti a stimare.

Detto questo, quanto alla cosa in sè, e rifacendoci alla pura storia dello scrittore, intorno al quale stiamo ragionando, dovremo

---

(52) *Quid si addam, eo illum fuisse furore abreptum, ut pugnantia affirmaret.* Respub. iuriscons. p. 160.

vedere anche in seguito lo stesso suo panegirista, il BENIGNI, aggiungere altre prove di questo difetto di Alberico, nel ragguaglio che dà delle sue opere, riferendo il quale, dovremo aggiungere ancora quello che dice in altri luoghi della sua laudazione.

CAPITOLO VI.
Le Opere di Alberico Gentili.

Non crediamo andar punto lungi del vero dicendo, che di tutti quelli, i quali o poco o molto hanno scritto sopra Alberico GENTILI, nessuno ha veduto tutte le sue Opere; nessuno ne dà il catalogo compiuto ed esatto: alcuni ne noverano poche; le più furono dimenticate dopo breve tempo.

Il BENIGNI stesso, come abbiamo già detto, confessa egli medesimo di averne veduto poche, dice sole quattro, di alcune parla dubbiosamente, e nel farne il catalogo meno imperfetto che ce ne sia pervenuto, non tace le somme difficoltà ch'ebbe incontrate. Non parliamo degli scrittori del tempo nostro; chè dopo tante dispersioni e spostamenti di biblioteche pubbliche e private, non è meraviglia se oggi non si rinviene più nè anche quel tanto che il BENIGNI, se non tutto da sè, almeno per notizie avute da altri, ha potuto conoscere verso la fine del secolo passato (53).

Cediamo pertanto la penna al BENIGNI, riserbandoci di aggiungere, qua e colà nel suo catalogo, alcuna osservazione o nostra o attinta ad altro luogo del suo elogio; le cose da dire sull'Opera *De jure belli* troveranno il loro posto nella Parte II. Premettiamo il segno * a quelle Opere che abbiamo potuto vedere.

---

(53). *Antich. pic.* Vol. VII. pag. LII. — Giuseppe FERRARI, nella sua Bibliografia dei politici italiani ed esteri, aggiunta al *Corso sugli scrittori politici italiani*, Milano 1862, ricorda: *Gentile Alberico, de Legationibus* 1586. *Gentile Scipione, de coniurationibus*, Hannover 1602. *Gentile Alberto* (sic) *de Potestate principis absoluta*. 1605. Quest'ultima opera non si trova notata nell'anteriore simigliante bibliografia aggiunta dal Sig. Ferrari alla sua *Histoire de la raison d'etat*, Paris 1860 ; ed è il titolo della prima fra le tre *Regales disputationes* di Alberico.

CATALOGO
delle Opere
DI ALBERICO GENTILI
DA SANGINESIO
Disteso da Telesforo Benigni.

* I. *Alberici Gentilis, de iuris interpretibus, Dialogi VI. Londini* 1582. *in* 4. *apud Wolphios.* Fu poi ristampata da' medesimi nel 1584. in 4., nel 1585. in 8. Quindi in Lipsia nel 1721, *Cura cristiani Godof. Hoffmanni* fra le opere del Pancirolo, del Fichard, ecc. *apud I. Frid. Gleditschii. B. Filium* in 4. Noi ci siamo serviti di quest'ultima edizione, comunicataci dal chiarissimo signor D. Pier Francesco Palmucci nobile patrizio Maceratese, Residente di S. M. Cattolica ed insieme primario vespertino professore di ragion civile nell' Università della sua patria. Questa è la prima opera, che abbia stampato il Gentili, confessandolo egli stesso nella lettera dedicatoria a Roberto Dudley conte di Leicester, in dat. *Oxoniae X. Kal. Octobris* 1582. *Isti sunt,* egli scrive, *lucubrationum mearum fructus primi, qui lucem videant;* e quindi più sotto: *si primus hic ingenii mei foetus non displicebit, dabo operam, at alii, quos cogito, maiori a me tum cura tum alacritate procedant.*

Della grande contesa suscitata da questi dialoghi abbiamo già dovuto far cenno, nel precedente Capitolo V. A schiarimento delle cose dette, mettiamo sotto gli occhi del lettore l'argomento del primo Dialogo come si legge presso l'Hoffmann, e un cenno degli altri. Si avverta che ciascun Dialogo ha nome da uno degli antichi Giureconsulti romani, e gli interlocutori sono sempre Alberico e Quinto suo fratello.

Dialogus I. Scaevola. Callocutores: Quinctus. Albericus. — Contenta Dialogi. — Scopus Dialogi est ostendere, circa acquirendum in iuris disciplina habitum, magis inservire lectionem scriptorum veterum Iurisconsultorum, qui post revocatum ius romanum vixerunt, quam ex recentiorum, qui ALCIATUM *imitati sunt, Ictorum scriptis hauriri queat utilitas. Iuniores aliena et a*

legum scientia remota iuris studio intulisse, ea autem ita com-
parata esse, ut illis pro dignitate tractandis ne quidem hominis
vita sufficiat, tantum absit, ut iurisconsulti veri nomen am-
biens alienis prorsus a legum et morum studio immorari queat.
Nimis confidenter de sua scientia sentire Ictos illos, qui pene
omnium scientiarum ambitum complecti volunt. Haec Dialogi
materia: Quinctus recentiorum Ictorum, Albericus Glossatorum
et veterum auctorum causam agit.

La disputa continua nel Dialogo II., intitolato *Paulus.* Si nega
che al buon Giureconsulto sia necessaria una cognizione grande
della lingua latina; vi si accenna un' Opera di Alberico intitolata:
Verborum et historiarum iuris ex Accursii ac Bartoli commen-
tariis, libri duo, che non vide mai la luce; e finalmente *Sen-*
tentia pro Glossatoribus fertur.

Il Dialogo III., *Cato,* agita la questione: *An graecae litte-*
raturae peritia in interprete consultore iuris requiratur.

L'autore mette in bocca a Quinto domande e considerazioni
semplici e giuste; che poi si diverte ad annebbiare sofisticando.

Il Dialogo IV., *Trebatius,* è piuttosto una breve dissertazione
che non un Dialogo. Quinto chiede l'avviso di Alberico *de studiis*
dialecticis, in quanto siano necessarii o no al giureconsulto, e Alberico dice quello che pensa, cogli usati artificî, non potendo negare che il retto discorso della mente al giureconsulto sia necessario,
e traendo argomento dalle esagerazioni é dall' abuso delle forme,
per offuscare una cosa chiarissima e menar colpi al suo solito.

Nel Dialogo V., *Pomponius,* discorre Alberico principalmente
degli studj storici e della poca utilità che reca a suo avviso la
cognizione delle antichità. C' è in questo Dialogo tanto di stra-
nezza e confusione, che non si crede a'proprj occhi, leggendolo, che
sia scritto da un uomo il quale pur valea qualche cosa in opera
di romana giurisprudenza. Ma è sempre il solito intento di mordere
or l'uno or l'altro dei grandi giureconsulti.

Finalmente il Dialogo VI., *Antipater,* corona questa lunga
serie di confronti, di questioni, di lodi e di biasimi o stranamente

o acremente distribuiti. Leggendo quest' Opera non può a meno di venire a mente quell' antica sentenza di uno scrittore anonimo: « Cum audieris autem aliquem beatificantem antiquos Doctores, proba, « qualis sit circa suos Doctores: Si enim illos, cum quibus vivit, susti- « net et honorat, sine dubio illos, si cum illis vixisset honorasset; « si autem suos contemnit, si cum illis vixisset, et illos contem- « psisset ». Solo che Alberico ad alcuni suoi contemporanei fu cortese, come dicemmo.

     * II. *Alberici Gentilis I. C. Clariss. de Legationibus Libri III. omnibus omnium ordinum studiosis. praecipue vero Iuris civilis lectu utiles, ac maxime necessarii. Londini* 1583. in 4. apud Wolphios. Ivi 1585. in 4. *excudebat Thomas Vantrollerius.* Di nuovo *Hannoviae* 1594. in 8. di pag. 231. Vi sono premessi due epigrammi, l' uno di Riccardo Edes, l' altro di Scipione Gentili. Ivi di nuovo, 1607. in 8.

     Di quest' opera abbiamo sott' occhio una edizione diversa: *Hanoviae apud Guilielmum Antonium,* 1596. in 8. piccolo. Ha l'egual numero di pagine, ma non è la stessa dell' accennata dal BENIGNI del 1594: è diverso l'editore e vi mancano pure i due epigrammi. Va unita all'opuscolo: *Legatus, seu da legatione legatorumque privilegiis, officio ac munere,* di Franc. LE VAYER avvocato di Parigi, insieme all' altra operetta: *De legato Octaviani* MAGII. Nel primo frontispizio comune ai tre volumetti distinti, si aggiunse: *omnia nunc primum in Germania in lucem edita;* ciò che non sarebbe in tutto esatto, posto che esista un' edizione dei tre libri di GENTILI *de Legationibus,* fatta nella città medesima due anni prima.

     Nella lettera dedicatoria, colla quale Alberico intitolava questa sua opericciuola a Filippo Sidney, già suo discepolo, come vedemmo (pag. 11), non esalta soltanto il Sidney ma altri ancora. Sopratutto poi trova modo di levare a cielo la regina Elisabetta, della quale, fra gli altri encomî dice: *Elisabetham quum dicimus, pietatem dicimus, et virtutem ipsam.*

     In quest' opera Alberico tratta delle varie guise di legazioni, sopratutto pubbliche, e di quanto appartiene alle specie, ai diritti, agli offci degli ambasciatori, alle doti delle quali devono essere ornati, e al modo con cui vadano trattati, se delinquano.

Molte cose hanno il loro riscontro nell'Opera di Corrado BRUNI, o BRUNN, stampata a Magonza nel 1548 da Behem: *De Legationibus libri V.* L'opera del BRUNI è molto più ampia che non quella di Alberico in molte parti; quella di Alberico si distende un po' più nell'argomento dei delitti degli Ambasciatori. Anche BRUNI, come fece Alberico 35 anni dopo, raccomanda nel titolo medesimo la sua opera, dicendo che i suoi Libri V. sono: *cunctis in repub. versantibus, aut quolibet magistratu fungentibus perutiles et lectu iucundi.* E per verità è scritta con uno stile così spigliato che si legge senza stento. È nella Biblioteca di Piacenza.

III. *Alberici Gentilis I. C. Lectionum, et Epistolarum, quae ad Ius civile pertinent, Libri II. Londini* 1583. *excudebat Ioannes Wolphius.* in 8. Ivi 1584. per li stessi in 8. In quest'anno egli vi aggiunse il terzo Libro, che fu stampato da' medesimi. Due anni appresso egli mandò fuori anche il quarto Libro; onde insieme uniti furono prodotti in Londra nella stamperia de' Wolfii nel 1587. in 8. Debbonsi però correggere il Draudio e il Niceron, i quali notabilmente confondono queste edizioni.

IV. *Alberici Gentilis I. C. de diversis temporum appellationibus, Liber singularis. Hannoviae* 1584. *apud Guilielmum Antonium* in 8. *Londini* 1585. *apud Wolphios* in 4., *Wittembergae* 1586. *ex officina Cratoniana in* 8., *Hannoviae apud Guilielmum Antonium* 1604. in 4. *Wittembergae* 1646. in 8. — Nella Biblioteca Barberini si conserva un'edizione di tale Opera fatta in Annovia appresso l'Antons nel 1607. in 8. Precede la parafrasi del salmo 133, fatta da Scipione Gentili. L'opera è divisa in 15 capi, ed è composta di pag. 157.

V. *Alberici Gentilis I. C. Legalium Comitiorum Actio. Londini* 1585. *excudebat Ioannes Wolphius* in 8.

VI. *Alberici Gentilis I. C. De nascendi tempore. Wittembergae* 1586. *apud Cratonianum,* in 8.

Il Benigni nel suo elogio (Vol. cit. pag. XXVI) aveva detto intorno a questa disputazione, ch'era stata da alcuni scrittori attribuita a Matteo, ma che i più ne fanno autore Alberico. « Essendo « l'opera assai rara (soggiunse il Benigni) noi lasciaremo di « deciderlo a coloro che avran la fortura di averla fra le mani ».

VII. *Alberici Gentilis I. C. clariss. Conditionum liber singularis. Wittembergae 1586. in 8. ex officina Cratoniana. Londini 1587., 1588. in 4. apud* Wolphios.

* VIII. *Alber. Gentilis I. C. Disputationes duae de actoribus et spectatoribus Fabularum non natandis, et de abusu mendacii. Hannoviae 1589. apud Guil. Antonium* in 8. Ivi 1599. in 8. — Fu riprodotta la prima disputa nel tomo VIII. del Tesoro delle Antichità Greche del Gronovio p. 1626.

L'essere stato inserito tale scritto in questa voluminosa collezione, che si trova facilmente, ci rese possibile averlo sott'occhio (edizione di Venezia 1735). L'intento è di riprovare ogni disonestà e improbità sulle scene, sia da parte dell'azione che da quella degli attori, e condanna pure gli spettatori che vi assistono. Nel capo primo: *Satus disputationis,* riferisce le conclusioni di una sua *De pactis disputatio,* che prendeva a svolgere e chiarire con queste nuove *Disputationes,* indirizzate a Tobia Matteo vescovo di Durham *(Episcopum Dunelmensem).* Si vegga in seguito al n. XXXIV il cenno del Benigni sopra la inedita *Disputatio de poetis.*

* IX. *Alberici Gentilis I. C. Professoris regii, De iure belli Commentationes II. Lugduni Batavorum* 1589 in 4. senza numerazione di pagine. Vi è solo il registro, che nella prima parte giunge alla G 2 e nella seconda incominciando dall' A arriva al K 3. Non vi è dedica, nè l'indice, nè altro.

Giudichiamo pregio dell' opera il soggiungere una breve lettera dello stampatore. *Has duas De iure Belli commentationes, tertia brevi subsecutum (*sic) *est, quam separatim edere curamus, utpote diversam a bellicis actionibus, de pace enim, ac foederibus est, ut ipse ore Auctoris excepi. Cuius vel de legationibus libros denuo excudendos decrevimus, sed multo quam antea auctiores, et cultiores et commentarium ad Titulum Digestorum de verb. significatione, atque diu expectatum de conditionibus opus. Interim, amice lector, his fruere, et vale.* — Da ciò chiaramente appa-

risce, che nella prima edizione di Leida non furono impressi, che i due
soli primi libri, e non già tre, siccome pretende il P. Niceron. Fu
pure quest'Opera riprodotta colla giunta del terzo libro, *Lugduni* 1589.
in 8., *Hannoviae apud Guil. Antonium* 1598, in 8., ed ivi parimente
dagli eredi del medesimo nel 1604, 1612, in 8.

Nessun Giureconsulto aveva penetrato così innanzi ne'principj del Diritto
naturale e delle genti prima del Gentile. Ugone Grozio confessò di aver
tolto molto lume da quest'Opera per compilare l'immortale suo trattato
De iure belli et pacis, che ad imitazione del Gentile divise in tre libri.

Egli è da vedersi l'elogio, che ei fa al nostro autore nei Prolego-
meni, e col sentimento del Grozio si accordano Arrigo e Samuele de
Coccej, il Barbeyrac e Gianfederigo Gronovio.

Di quest'Opera ci riserbiamo far parola nella Parte II.
Capitolo VII.

X. *Alber. Gentilis I. C. clariss. et professoris regii, De iniustitia
bellica Romanum actio. Oxonii excudebat Iosephus Barnesius* 1590. in 4.
— Noi non abbiamo veduto quest'Opera, che vien riferita nel catalogo
della famosa biblioteca di Tommaso Bodley, pag. 183., ma sospettiamo
che sia presso a poco la prima parte del libro *De armis romanis*, di
cui veggasi il numero seguente.

* XI. *Alber. Gentilis I. C. clarissimi, professoris regii, De armis
romanis libri II. nunc primum in lucem editi ad illustrissimum comitem
Essexiae, Archimareschallum Angliae. Hannoviae* 1599. *apud Guilielmum
Antonium*, in 8. Ivi per gli eredi del medesimo, 1612. in 8. Questa è
l'edizione da noi vedutane per mezzo del chiarissimo signor Francesco
Maria Raffaelli, ornamento singolare della provincia nostra, che possiede
una doviziosa raccolta di moltissimi libri. È di pag. 284. Il primo Libro,
intitolato *De iniustitia bellica Romanorum actio*, contiene XIII. capitoli;
il secondo: *De iustitia bellica romanorum defensio*, ne contiene XII.
Dedicò il Gentile questa produzione a Roberto Devreux conte di Essex,
suo gran Mecenate, con una lettera a modo d'iscrizione lapidaria, fu
quindi inserita da Gio. Poleni nel supplemento del tesoro delle Antichità
romane, Tomo I., p. 1205 dell'edizion veneta 1737., dove o per
errore, o per ingannare la S. Inquisizione, che ha meritamente vietate

tutte le Opere d'Alberigo, vien chiamato l'autor di quest' Opera: Antonio Gentili. Il P. Niceron lasciò scritto intorno ad essa, che *Gentilis rapporte dans cet Ouvrage tout ce qu'on peut dire pour, ou contre la justice des expeditions militaires des Romains.* Nel primo Libro il Gentili, siccome quegli, ch'era fornito di un ingegno contradicente e volubile, finge che un Marchigiano, e precisamente uno della sua patria Sanginesio, dimostri che i Romani furono ingiusti in tutte le azioni loro, e nel secondo introduce un Romano, il quale difende i suoi maggiori da tutte le accuse. Tutta l'Opera è di pag. 284. È stata ristampata dal Gravier in Napoli, nel I. Tomo delle sue Opere.

Quest'ultima edizione abbiamo veduto. Non c'è l'epigrafe dedicatoria al Conte d'Essex; e la seconda Parte ha XIII capi, come la prima. Nell'esemplare del cit. volume del Poleni, che vedemmo alla Biblioteca di Parma, non c'è punto il nome di Antonio invece di Alberico, ma soltanto le iniziali A. G. Quanto ai XII Capi della seconda parte, il Benigni fu tratto in errore dall'indice a pag. 1211-12 del cit. vol. del Poleni, nel quale è omesso il Capo XIII; ma si legge anche questo a suo luogo pag. 1323. Non sapremmo dire dove abbia trovato il Benigni che l'accusatore dei Romani, fatto parlare da Alberico, sia finto essere sanginesino. Al principio della seconda parte Alberico scrive: *Facilem defensionis causam, quam suscipio Romanorum meorum facit Picenus, accusatur noster* (pag. 427. dell'ediz. di Gravier, T. I., Napoli 1780.) Ci sembra dall'insieme che Alberico in quest'ampia esercitazione rettorica, parli in nome proprio nella Parte prima; fingendo poi nella seconda che abbia parlato un Piceno qualunque, com'egli pur era, fa rispondere dal Romano, al quale mette in bocca le difese.

La perfetta identità del titolo tra la prima parte di questa e l'Opera precedente, crediamo metta fuori di dubbio che siano lo scritto medesimo, come sospetta il Benigni.

Parla il Benigni intorno a quest'Opera anche in altro luogo della sua laudazione (*Antich. pic.* vol. VII. p. XLIII., come vedemmo nel precedente Capitolo V.

XII. *Alber. Gentilis I. C. ad Ioannem Rainoldum, De ludis scenicis Epistolae II. Maddelburgi* 1599. in 4., *Oxonii* 1629, in 8. In un catalogo di libri, che si conservano nell' Inghilterra e nell' Ibernia, *Oxoniae* 1697. Tom. I. par. II. pag. 5. n. 3, queste due lettere vengono dette mss.

* XIII. *Alber. Gentilis I. C. ad primum librum Machabeorum Disputatio. Franquerae* 1600. in 4. unitamente alle annotazioni di Gio. Driesches, o Drusio, sopra i libri de' Maccabei. Fu quindi riprodotta ne' Critici sagri nell' edizione di *Ultraiecti, excudebat Guilielmus Vande-Water.* T. V. 1698., pag. 191 in fol. massimo. Si vede ancora nell' edizione di Francfort, T. V. p. 2074. Questa è una breve dissertazione indiritta dal suo autore al Vescovo di Durham, Tobia Matteo, il quale siccome abbiam veduto era uno de' più grandi fautori di Alberigo. Nell' edizione accennata di Utrecht, posseduta dal signor Luigi Conventati Patrizio Maceratese, che sul primo fiore degli anni suoi possiede in un grado eccellente molte lingue straniere, e singolarmente la Greca, abbiamo noi osservato, che è di sole 4 pagine. È presso a poco un' Apologia, benchè indiretta, a favore di noi cattolici, che teniamo per canonico il libro predetto.

XIV. *Alber. Gentilis I. C. clariss. professoris regii, Disputationum de Nuptiis Libri VII. noviter editi apud Guilielmum Antonium. Hannoviae* 1601. in 8. Ivi congiunte, per gli eredi del medesimo 1614. in 8. Notisi che il Lipenio, *Bibl. Realis. Iurid.* attribuisce quest' Opera a Scipione, dandogli per titolo: *De nuptiis et matrimonio, Hannoviae* 1614. in 8.

Si vegga l' osservazione nel seguente N.° XXIII. Intanto qui notiamo che l' errore del Lipenio è corretto nel supplemento aggiuntovi da Augusto Federico Schott, pag. 116.

XV. *Alber. Gentilis I. C., De unione Angliae et Scotiae Discursus. Londini apud Wolphios* 1605, in 8. Fu di nuovo riprodotta fra' suoi discorsi Regii, *Helmestadii* 1664. in 4. ma è forse la medesima Opera di cui al N. XXI.

XVI. *Alberici Gentilis I. C. clariss. professoris Regii, Lectiones Virgilianae variae. Hannoviae* 1603. *apud Heredes Guilielmi Antonii,* in 8. Noi abbiamo veduto un esemplare di quest' Operetta nella Biblioteca Barbarina di Roma. Il libro è diviso in 4 capitoli di pag. 189 e contiene alcune osservazioni sopra la Bucolica di Virgilio, ridotte ad alcuni capi generali. Vien dedicata da Roberto figlio di Alberigo Gentili a *Matthaeo Gentili Philosopho et Medico, Doctori, avo clariss. et optimo.* Fu anche ristampata appresso gli stessi nel 1604.

XVII. *Alber. Gentilis I. C. clariss. In Tit. Cod. Si quis Principi vel Imperatori maledixerit, et ad L. Iuliam maiestatis, Disputationes X. Hannoviae apud Heredes Guilielmi Antonii* 1604, in 8. Ivi per gli stessi 1607. in 8.

* XVIII. *Alber. Gentilis I. C. Professoris Regii, Commentatio ad Tit. Cod. de maleficis et mathematicis, et caeteris similibus, et Commentatio ad lib. III, de Professoribus Medic. Hannoviae* 1604, *apud Guilielmum Antonium* in 8.

XIX. *Alberici Gentilis I. C. De latinitate veteris Bibliorum versionis male accusata, Disputatio ad Robertum filium. Hannoviae* 1604. *apud Guilielmum Antonium* in 8. Veggasi il titolo seguente.

XX. *Alberici Gentilis I. C. Professoris Regii, Disputationes tres: I. De libris iuris canonici; II. De libris iuris civilis; III. De latinitate veteris Bibliorum versionis male accusata ad Robertum filium, nunc primum editae. Hannoviae apud Guilielmum Antonium* 1605. in 8. È dedicata la prima disputa *Clariss. et Reverendo V. Thomae Singletono S. Theologiae Doctori, et Aeneinasensis Principi dignissimo,* con lettera di Roberto Gentili *dat. ex colleg. S. Ioannis idibus Aprilis* 1605. e contiene pag. 54. La seconda è intitolata dal medesimo Roberto, sotto l'istesso giorno, *Cl. et Rever. V. Nicolao Bondo S. T. Doctori, et amplissimi Collegii Magdalenae Praesidi dignissimo,* ed è composta di pag. 80. La terza apparisce indiritta *Clarissimo et Reverendo V. Ioanni Howsonio S. T. Doctori,* con lettera dello stesso Roberto, *XIII. Kal. Maias* 1605. ed è formata di pag. 32. Furono poscia ristampate *Helmestadii* 1674, in 4.

XXI. *Alberici Gentilis I. C. clariss. Regales Disputationes tres: I. De potestate regis absoluta; II. De unione regnorum Britanniae; III. De vi civium in regem semper iniusta. Londini apud Thomam Vantrollerium* 1605. in fol. Ivi per lo stesso in 4. *Hannoviae* 1605 *apud G. Antonium* in 8.

Dal silenzio del BENIGNI in questo Catalogo si capisce che questa è una delle molte Opere di Alberico ch'egli non potè vedere. Non sarà quindi meraviglia se per ricerche fattene, noi pure avemmo la stessa sorte. Ma posto che v'abbia in queste tre dispute tutto quello che si è riferito da vari, e che nessuno ha contraddetto, non si tratterebbe di tesi inventate da Alberico per fondare una teoria del più perfetto assolutismo, anzi del più brutale dispotismo. Non altro infatti sarebbero al trar dei conti le sue dottrine, che i diritti vantati da Giacomo I, suo grande proteggitore, ridotti a tesi sostenute coll'apparenza delle forme sillogistiche. Queste pretese del re Giacomo, le troviamo compendiate molto nettamente dall'Höfler, così:

« Giacomo I, formulava esso stesso i diritti ai quali pretendeva;
« e si può ben dire che se i suoi principî fossero stati posti in
« pratica, in breve nulla sarebbe più rimasto delle antiche libertà
« inglesi. — I re scriveva egli, sono realmente Dei; poichè eser-
« citano sulla terra una specie di autorità divina; tutte le qualità
« dell'Altissimo consuonano coll'essenza dell'autorità regale. Iddio
« ha il potere di creare e di distruggere, di dar la vita e la morte, di
« giudicare su tutti, mentre Egli invece non vien giudicato da
« nessuno; Egli innalza l'umile ed abbatte il superbo, a Lui ob-
« bediscono anima e corpo degli uomini: lo stesso potere hanno i
« re. Essi creano e distruggono i loro sudditi, li abbassano e li
« innalzano, comandano sulla vita e sulla morte dei medesimi,
« giudicano su tutte le cose, mentre essi non sono responsabili
« verso nessuno, eccetto verso Dio. Essi ponno trattare coi loro
« sudditi come con fantocci: da contadini ponno formar vescovi e
« cavalieri; accrescere o diminuire il pópolo come la moneta. Ad
« essi spettano la proprietà dell'anima e le prestazioni del corpo
« dei loro sudditi. Come bestemmia Iddio colui il quale, qualunque
« ne sia il motivo, gli contrasta, così sono rei di ribellione quei sudditi
« che contestano il precetto della pienezza dell'autorità reale. — ».

Qui l'Höfler fa alcune considerazioui molto sapienti, sopra l'ultimo termine al quale condussero « tali principî, ch'erano il

« frutto del dispotismo più che mussulmano trasportato da Enrico
« VIII. in Europa » (51).

L' Höfler storico assai stimato, qui non cita alcuna fonte, ma
supplisce l' autorità dell' inglese Hallam, il quale riferisce la teorica fissata sotto Elisabetta, e largamente applicata a loro comodo
dei ministri di Elisabetta e da Giacomo I. circa il potere principesco.

« Oltre le prerogative ordinarie della corona d' Inghilterra nelle
« quali venivano ammessi limiti legali, la regina possedeva una
« specie di superiorità sovrana che era la conseguenza, dicevasi,
« della natura astratta della sovranità, derivante dal primo do-
« vere dalla corona, quello cioè di impedire la distruzione dello
« Stato ». Massima, come osserva l'Hallam, giusta in sè stessa, finchè
si rimanga ne' limiti del diritto di conservazione, della vera e as-
soluta necessità, della sicurezza de' popoli; ma enormemente abu-
sata in servigio del più tremendo assolutismo.

La formola di tale assolutismo, secondo l' idea che s' era fatta
Giacomo I. del diritto divino, è consegnata in questi periodi, che
l' Hallam raccolse dalle Opere di quel re e dei giureconsulti suoi
adulatori.

« Quantunque un buon re debba regolare tutte le sue azioni
« a norma della legge, non è però obbligato a questo; ma lo fa
« di sua propria volontà e per dare l' esempio a' suoi sudditi —
« È un ateismo ed una bestemmia disputare su ciò che Dio può fare;
« i buoni cristiani si contentano della sua volontà rivelata nella
« sua parola: così parimenti è una presunzione e un grande di-
« sprezzo dalla parte di un suddito, il discutere ciò che può fare
« un re, o il dire che un re non può fare questa o quell' altra
« cosa ». E questi sensi l' Hallam li attinge a un Discorso di
Giacomo I. sulla *vera legge delle monarchie libere*, stampato
nella Scozia, qualche anno innanzi che salisse al trono.

---

(51) *Storia universale di Costantino Höfler*, versione di F. de Angeli ri-
veduta dall' autore. Vol. III., Milano 1859, pag. 256. 257.

Altrove l' Hallam scrive: « Le corti di giustizia, appena oc-
« corre dirlo, non erano composte di uomini imparzialmente co-
« scienziosi tra il re e i sudditi; alcuni erano corrotti dalla spe-
« ranza di ottenere promozioni; molti più dal timore di venire
« dimessi dall' ufficio, o tremanti del minimo capriccio (*humeur*)
« del potere. I discorsi dei gran giudici, il barone Fleming e il
« barone Clarke, i soli che siano conservati nei Rapporti di Lane,
« contengono proposizioni ancora peggiori delle loro decisioni, e
« interamente sovversive di ogni libertà. Il potere del re (vi è detto)
« è doppio, ordinario cioè e assoluto; e questi due poteri hanno
« diverse leggi e fini diversi. Il potere ordinario regola gli affari
« dei particolari, esso viene amministrato dalle corti ordinarie, e
« si appella legge comune, la quale non può essere cangiata nella
« sostanza senza il concorso del Parlamento. Il potere assoluto del
« re non si occupa degl' interessi particolari, ma bensì della si-
« curezza generale: non é diretto dalle leggi del Diritto comune,
« e si chiama con proprio nome politica e governo. Esso varia
« secondo la regale prudenza, in vista del bene pubblico: e tutto
« ciò che per questo motivo vien fatto è compiuto legalmente ».

L' ultima espressione di un siffatto assolutismo si ha nella sentenza di Roberto Filmer: « Un uomo è obbligato ad ubbidire al-
« l' ordine del re contro la legge, ed anche, in certi casi, contro
« le leggi divine » (52).

_____

(52) Hallam, *Histoire constitutionelle d' Angleterre*, traduct. francaise revue
per M. Guizot. Paris 1828. T. I. pag. 436. T. II. pag. 23. 52. 72, dove in nota
cita la pag. 557 delle Opere di Giacomo I., che sono certo le inglesi; e T. IV.
pag. 104. Molti scritti di Giacomo I. furono pubblicati. Noi vedemmo soltanto
il Volume delle Opere latine, che ha per titolo: *Seren. et potentiss. principis
Iacobi Magnae Britanniae etc. Regis, Fidei defensoris, Opera edita a Iacobo
Montacuto etc. Francofurti ad Moenum et Lipsiae* 1689. In questo Volume
sono raccolte molte discussioni, discorsi, commenti, interpretazioni scritturali, ec.
che toccano eziandio dei diritti dei principi: errori finchè si vuole, ma non è
questa l' Opera nella quale vi siano le dette sentenze. — Va segnalato fra gli
scritti di Giacomo I. il così detto *Dono reale*, che contiene i precetti dell' arte
di regnare diretti all' educazione del suo figlio primogenito, stampati nel 1599.
Noi non potemmo vederlo. Ne parla il MONTECHIARI, l. c. pag. 45.

Chi ne voglia di' più legga l'Hallam nelle molte pagine fra le quali abbiamo preso queste poche citazioni. Noi sentiamo fretta di levare i piedi da cotesto fango.

XXII. *Alberici Gentilis I. C. et professoris Regii Laudes Accademiae Perusinae, et Oxoniensis. Hannoviae apud Guilielmum Antonium,* 1605. in 4. di pag. 52. Roberto Gentili, figliuolo dell' Autore, intitolò queste due Orazioni *clariss. V. Rodulpho Kutchinsono nobilissimi collegii S. Ioannis Praesidi optimo* con lettera data *in collegio ipsa vigilia S. Ioannis* 1604. Indi segue *Laudes Accademiae Perusinae in Comitiis Sam. Hussei, Ioannis Buddeni, et Oliverii Floydi,* che è di pag. 27. Viene poscia l'altra Orazione in lode dell' università di Oxford, che fu recitata *in Comitiis Eszonis Tiardae,* e dalla pag. accennata giunge alla 52. Di esse abbiamo altrove diffusamente ragionato.

E infatti il BENIGNI più volte parla di queste due Orazioni, e le cita in prova dei fatti che asserisce; ed ancora non tace che Alberico molto « innalzò sè medesimo, » nel lodare l' Università di Oxford (*Antich. pic.* VII. p. VI. XXVI. XXVIII. XXXII. XXXIX. XLIII).

XXIII. *Alberici Gentilis De libro Pyano ad Ioannem Howsonum, Epistola. Oxoniae apud Iosephum Barnesium* 1606. in 4. Veggasi intorno e questa lettera, quanto abbiamo riferito alla pag, 9 . . . (*sic*).

Questa citazione deve riferirsi alle cose, che dicemmo nel precedente Cap. V. attingendole all'elogio del BEGNINI (pag. XXXIV.) e direttamente al BAYLE. Vedemmo come in questa lettera, Alberico difenda Gio. Howson, sostenitore della tesi cattolica della indissolubilità del matrimonio, dalle accuse fattegli del Pyè, che sostenne la tesi protestante. Però in questa lettera Alberico si tiene in billico e non professa apertamente nè l' una nè l' altra tesi. La dottrina protestante che per l' adulterio si possa sciogliere il vincolo e passare ad altre nozze, fu da lui sostenuta nel libro *De Nuptiis* notato sotto il n. XIV.

XXIV. *Alberici Gentilis I. C. Hispanicae Advocationis Libri II. in quibus illustres quaestiones maritimae, secundum ius gentium, et odiernam praxim nitide perlustrantur. Hannoviae, Typis Wechelianis apud*

Claudium Marnium 1613. in 4. *Francofurti*, 1613. in 4. — Il Fontana nella Biblioteca legale fa diversa quest'Opera da un'altra, ch'egli produce col seguente titolo: *A. G. Libri duo in quibus tractantur diversae illustres quaestiones maritimae secundum ius gentium et odiernam praxim. Amstelodami* 1661. in 8. ma egli prese errore sicuramente, poichè il vero titolo dell'edizione di Amsterdam è il seguente favoritoci dal dotto signor abate Angelo Pio Serromanni dello Staffolo, allora segretario di monsig. Onorati, Nunzio Apostolico in Firenze, il quale si compiacque di trascriverlo da un esemplare custodito nella Magliabecchiana. *Alberici Gentilis Iuris Consulti Hispanicae Advocationis (in quo tractatu diversae illustres quaestiones maritimae secundum ius gentium, et hodiernam praxim, quam nitide perlustrantur, et deciduntur) Libri duo ad illustrissimum et excellentissimum Dn. Don Balthassarem a Zunica, Catholicae Maiestatis Legatum, cum indice capitum, rerum et verborum, editio secunda priori emendatior. Amsteledami apud Ioannem Ravesteinium, civitatis et illustris scholae Typographum ordinarium,* 1661. in 8. piccolo.

Noi ricaviamo da questo, che ne era stata fatta un'edizione anteriore nella detta città, e sappiamo dal medesimo Fontana, seppure in ciò deve prestarglisi fede, che fu ristampata ivi di nuovo nel 1664. in 8. La prima edizione di quest'Opera fu fatta *Hannoviae apud heredes Giulielmi Antonii,* 1613. in 4. e ne possediamo noi un'esemplare per dono cortese dell'ottimo e dottissimo nostro amico Riccomanni. L'autore, che nel suo testamento, come si è detto, aveva ordinato la sopressione di tutti i suoi scritti, ingiunse al fratel suo Scipione, che si eccettuasse quest'Opera, e che stampandosi venisse dedicata all'Ambasciatore Zunica, come da lui fu puntualmente eseguito.

È divisa in due Libri, il primo de'quali contieno 28 capitoli ed il secondo 31. Tutta l'Opera è di pag. 234. ed ebbe un incontro così fortunato, che se ne fecero moltissime edizioni in brevissimo tempo, e merita d'esser novellamente ristampata. Si veggono in fronte di essa due leggiadrissimi componimenti di Corrado Rittershusio in lode dei due fratelli Gentili e di Matteo loro padre.

Non crediamo che oggi si troverebbe un editore il quale volesse ristampare un'Opera che interessorebbe appena pochi studiosi.

Quanto poi alle indicazioni bibliografiche del Benigni, abbiamo potuto compiere e correggere quelle che dà circa l'esemplare della Magliabecchiana, che ora avemmo esattamente dalla cortesia dei preposti alla Nazionale di Firenze, col mezzo di un cortese amico nostro di colà. Il Benigni dice che è in 4. mentre, come abbiam corretto, è in 8. piccolo, di pag. 264. ed era errato anche l'editore: *Davensteinium*.

Nell'elogio del Benigni errori di stampa non ne mancano certo: si sa che cosa sono parecchi libri impressi nel secolo passato, quanto a correzione tipografica; e molti specialmente di numeri, è impossibile correggerli quando non si può vedere tutto da sè.

* XXV. *Alberici Gentilis I. C. Commentarius in Tit. Digestorum De verborum significatione. Hannoviae* 1614. in 4. apud Wechelios.

Occupa tutto il volume secondo delle sue opere giuridiche scelte, Napoli, Gravier 1780. in 4.

XXVI. *Alberici Gentilis, De Legatis in Testamento factis. Amstelodami* 1661. *in* 8.

XXVII. *Alb. Gentilis I. C. De linguarum mixtura Disputatio ad V. C. Iohannem Drusium.* Questa brevissima dissertazione esiste nel T. V. de' S. Critici dell' edizione d' Utrecht ricordata di sopra al num. XIII. ed è di sole due pag. in fol. massimo, e trovasi alla facciata 214.

XXVIII. *Discorso de' maritaggi per mezzo di Procuratore.* In lingua inglese. Vien riportata quest' Opera del Wood, secondo la testimonianza del P. Niceron, ma nè l' uno nè l' altro riferiscono il luogo o l' anno in cui fu impressa; onde potrebbe aver luogo fra le opere inedite che siamo ora per riferire.

OPERE NON STAMPATE DI ALBERIGO GENTILI.

XXIX. Fra le opere non pubblicate del Gentili noi certamente annoveriamo *Un volume di Leggi ed Ordini straordinari da aggiungersi allo Statuto, composto e riformato dall' egregio ed eccellentissimo messer Alberigo Gentili,* siccome abbiamo dalla p. 166. delle riformazioni del nostro comune del 1577. Abbiamo di questo libro ragionato alla pag. 4 (cioè XXX) ma non sappiano se i nostri maggiori, che posteriormente

tant' odio concepirono contro la famiglia Gentili, servironsi di quest' O-
pera nel pubblicare le nostre leggi municipali. Certa cosa è, che fu presen-
tato dal Gentili a'suoi cittadini, e letto pubblicamente nel Palazzo defensorale.

Di questo compito affidato ad Alberico intorno allo Statuto del
Municipio di Sanginesio, è fatto cenno nel precedente Capitolo III.

XXX. *Verborum et Historiarum iuris et Accursiis, et Bartolis* (sic) *Com-
mentarii duo.* Parla il Gentili di questa sua Opera nel secondo de' suoi
Dialoghi p. 568 dell' edizione di Lipsia; *Et tu libellum vidisti, cui titulum fecimus verborum etc.*

XXXI. *In Aldi Manutii Orthographiam Adnotationes.* Cita egli questa
sua operetta al Cap. II. della sua disputa sul primo libro de' Maccabei,
p. 194. dell' edizione di Utrecht.

XXXII. *De praemio coronae muralis Disputatio.* Di questa sua dissertazione ragiona egli nel detto Cap. p. 195.

XXXIII. *De legitimis temporibus.* Accenna il Gentile questa sua fa-
tica alla pag. 195 dell' Opera da noi riportata al n. XXXI citandone il
primo Libro; ma sospettiamo che sia l' istesso trattato *De diversis temporum appellationibus,* di cui Burcardo Stravio fa un grande elogio.

Stravio non conosciamo: sarà STRUVIO: ma questo non ha elogio
alcuno di cotesta scrittura.

XXXIV. *De Poetis Disputatio.* Riferisce Alberigo questa disputa nel
primo Capo *De Actoribus et spectatoribus Fabularum non notandis,* ed ivi:
*De poetis dum tracto in alia disputatione, et per excursum affero quaedam
de ipsis fabularum actoribus.*

Si vegga il cenno che di ciò abbiamo fatto al N. VIII.

XXXV. *De potiore interprete Decalogi in secunda tabula.* Promette
il Gentili questa sua opera a Mons. di Durham, nel dedicargli l' Opera
riferita al n. VIII. *Atque haec prima est,* egli scrive, *quam nunc discutio,
et vero de qua reliquae promanarunt. Sed sequentur illae alia de abusu
mendacii legitimo, alia de potiore interprete Decalogi in secunda tabula.
Sequentur, volente Deo, sequentur. Oxoniae Idibus Octobris* 1597.

XXXVI. *De Legato, si is in principem ad quem missus est, coniuret,
aut atrox aliquod moliatur Disputatio.* Vien mentovata da Scipione suo
fratello nel Cap. I. *De coniurationibus.*

Con titolo quasi identico si trova di ciò trattato nel Lib. II. *De legationibus.* Cap. 18. 19. di Alberico della quale opera è detto al numero II.

XXXVII. *De probationibus Libri* IV.

XXXVIII. *Consultationum Volumen.*

XXXIX. *Quaestionum publice disputatarum, Liber.*

XL. *Commentarium ad Edictum Provinciale, de Annona.* Piange Alberigo Gentili la perdita di queste sue Opere nel suo libro *De diversis temporum appellationibus*, e precisamente nella dedica, che a' 21. di Ottobre 1586. ne fece da Wittemberga *illustrissimis. Ernesto, et Augusto Ducibus Brunsvicensibus, et Luneburgensibus . . . ecce enim dum Libros quatuor de probationibus, Volumen Consultationum, Librum Quaestionum publice disputatarum, et commentarium ad Edictum provinciale de Annona in annum novum cupio adservare, pessimo . . . facinore, mihi omnia perierunt.*

XLI. *Mundus alter, et idem, sive terra australis ante hac semper incognita longis itineribus Peregrini Accademici nuper illustrata.* Riferisce il chiarissimo Tiraboschi, (Stor. let. d' Ital. T. VII. Parte II. pag. 132), che il Gerdesio *(Specimen Italiae reformatae* pag. 271) sull' autorità di un certo Blausio, autore incognito allo stesso Tiraboschi, ascrive una tal opera ad Alberigo Gentili.

Da quanto scrive il BENIGNI (Vol. VII. pag. XXXIX.) parrebbe che fosse stato stampato anche il testamento di Alberico nell'Opera del Wood *Athenae Oxonienses,* od almeno in quest' Opera se ne discorra. Ma egli non avendo potuto vederla per quante ricerche ne abbia fatto si appoggia all' autorità del P. Niceron, che riferisce essere pervenuta alle mani del Wood una copia di quel testamento. L'opera del Niceron sono le sue *Memoires pour servir à l' histoire des hommes illustr. dans la republ. des lettres.*

A chi poi avesse curiosità di sapere perché l' Opera del Wood sia così rara, il BENIGNI (*Antich. Pic. Vol.* VIII. pag. I.) fa noto che ciò avenne perchè il conte Clarendon, offeso da alcuni tratti satirici del Wood verso il padre di esso conte, ottenne dal Parlamento che l'Opera venisse soppressa e bruciata per mano del carnefice.

CAPITOLO VII,
Confermazione di quanto si è detto intorno alle Opere di Alberico.
Paragone tra questo e suo fratello Scipione.

Dato colla scorta del BENIGNI il catalogo compiuto dei lavori di Alberico, certi, dubbi, pubblicati, inediti, periti e appena forse divisati, che cosa ci dicono i loro titoli e il modo nel quale si trattano le materie in quelli che è possibile avere a mano?

I titoli che portano le Opere di Alberico, titoli che, o identici o simiglianti, s'incontrano in tanti altri scrittori di quell' epoca, e la forma nella quale vi si svolgono gli argomenti assunti, secondo l'uso del tempo, confermano quello che abbiamo asserito da principio, appartenere cioè Alberico alla numerosa schiera dei così detti *umanisti*, che hanno dato il nome e il carattere al secolo in cui visse.

Questa comunanza d'indole e di stile con tanti altri suoi coetanei, dà ragione del fatto che non si parli di lui da Biografi e da Storici, più che non si faccia dei moltissimi. Quanto alla sua Opera principale, i tre Libri *De iure belli*, abbiamo già detto come di essa conservasse la memoria Ugone GROZIO, il quale, prendendo a trattare con maggiore profondità lo stesso argomento, la rammentava nel suo insigne lavoro.

E poichè la storia deve rendere giustizia non a qualcuno soltanto, ma, data occasione, a moltissimi nostri concittadini illustri nelle scienze e nelle lettere; non si può qui passare in silenzio, che Scipione fratello di Alberico fu al paragone tenuto in maggior conto per ingegno, cultura, sodezza di mente e temperanza di animo.

Il BENIGNI chiude l'elogio degli uomini illustri della famiglia Gentili con queste parole: « Ma quegli che aggiunse il colmo della « gloria a questa illustre famiglia fu Scipione Gentili fratello di « Alberico, il quale non solo giunse ad essere Senatore di Norim- « berga e primo professore di leggi dell' Università di Althorf, « ma fu ricercato dai primi Sovrani di Europa. Siccome però le « di lui memorie di troppo eccederebbero i confini di quest'Opera « così noi ci riserberemo di parlarne separatamente » (53).

---

(53) *Antich picene* Vol. VII. p. LV.

E queste memorie compaiono appunto nel volume successivo delle *Antichità Picene*, dove il BENIGNI fin dalle prime parole si compiace di non trovarsi dinanzi le stesse difficoltà insuperabili che gli erano venute riguardo ad Alberico, per la rarità delle sue Opere, e per non essere possibile trovare l'Opera di Antonio WOOD *Athenae oxonienses* (54).

Da questa fonte, quasi esclusivamente, quanto alle parte storica, è tratto l'ampio elogio di Scipione del MONTECHIARI, (55) e altri scritti somiglianti che non importa citare.

Non ci appartiene qui tessere nemmeno in compéndio la vita di Scipione, nè trattare delle sue Opere, tutte note, facili a trovare, non solo riprodotte in parte in altre voluminose collezioni, come per es. nei Supplementi del POLENI al GREVIO e GRONOVIO, ma raccolte insieme nella edizione fattane in Napoli dal Gravier.

Ci basti all'uopo nostro il riferire le parole del BENIGNI, il quale scrive che Scipione « coll'alto e profondo di lui sapere giunse ad « oscurare la gloria del padre e di quanti altri insigni soggetti « ha prodotto al mondo la famiglia Gentili » (56).

E il PICCART, il cui *Elogio* di Scipione rimane sempre la fonte prima e quasi unica di tutte le notizie che abbiamo di Scipione, di Matteo e di Alberico, riferisce il giudizio di Francesco OTTO-MANNO circa lo splendido ingegno di Scipione, al quale disse: *aut me omnia fallunt, aut tu non meam solum, sed et aliorum iuris-consultorum famam, si non obscurabis, aequabis certe, ita nunc se profert ingenium tuum* (57).

Studio prediletto di Scipione fu la Giurisprudenza, ed eccellente il metodo che teneva nelle sue lezioni, alieno dai cavilli e dalla

---

(54) *Antich. picene*, Vol. VIII. pag. I.

(55) *Elogio di Scipione Gentili recitato nell' aula del cessato liceo del Musone a' XV di Novembre MDCCCXIII. per lo riaprimento degli studii da Giuseppe MONTECHIARI professore di fisica generale e particolare e Bibliotecario della pubblica libreria di Macerata.* Macerata, 1816.

(56) *Antich. pic.* Vol. VIII. pag. II. — Scipione naque in Sanginesio nel 1563 e morì nel 1616. Ivi e pag. XXI.

(57) PICCART. *Laudatio cit.* pag. 33.

sofistica verbosità, che offendono in tant'altri del tempo suo, non escluso il suo stesso fratello Alberico. Il MONTECHIARI, che mette in luce la rinomanza veramente insigne conseguita da Scipione, la stima e l'amicizia che godette di molti chiarissimi uomini, e giustifica così, senza dirlo, la scelta di Scipione per farne l'elogio, a preferenza di ogni altro della famiglia di que' suoi compaesani, espone in che consistesse cotesto metodo, colle parole medesime di Scipione, tratte dalla sua Orazione *De lege regia*, dove l'illustre giureconsulto e valente scrittore latino dice così:

« Nam leges ipsas, quibus merito primum locum regiumque « tribuimus, ante omnia explicandas oratione dilucida et pura « censeo; nec verba solum earum, sed et sententiam multo magis « declarare atque expendi oportere. Tum ex optimis quibusque in- « terpretibus, tam veteribus quam recentibus.... utilissimas quas- « que seligere atque explicare quaestiones debemus: sic tamen, ut « nec subtilitate nimia putidi, nec copia molesti simus. Postremo « etiam, sed raro et parcissime, et non nisi ubi res flagitat, flores « quidam et sententiae adspergendae sunt ex omni variorum scri- « ptorum, in primis veterum et Romanorum, genere ac tamquam « populo. Incredibilem enim ea res non voluptatem modo adferre « solet, sed etiam saepe usum, atque lumen » (58).

Si vede che Scipione aveva fin d'allora compreso, l'ufficio della scuola non poter essere l'insegnare tutta la scienza, che richiede l'applicazione di lunghi anni, anzi di tutta la vita; ma sì veramente il dare ai giovani uditori quel corredo di principii, quell'indirizzo metodico, quella intelligenza retta e piena del fondamento, del contenuto, dei cánoni e dello scopo della scienza insegnata, che li renda capaci di progredire con piede sicuro nella buona via ad essi tracciata.

La grave nimistà di Giulio PACIO, vicentino, pur egli, nel tempo medesimo, professore ad Heidelberg, del quale sembra che Scipione

---

(58) MONTECHIARI. Elog. cit. p. 9. 76 e 77. — *Scipionis* GENTILIS, Opera, Tom. V. pag. 293. 294.

disapprovasse le opinioni ed il metodo con cui insegnava, costrinse il GENTILI ad abbandonare quella città (59).

Lo accolse Althorf, dove insegnava Ugone DONELLO, suo maestro, suo grande estimatore, suo amico, e ivi salì in altissima riputazione, di là non volle partire nemmeno quando l'Università di Heidelbeg, nobilmente riparava il torto fattogli, richiamandolo a grande onoranza, e finì per avere un seggio nel Senato della Repubblica di Norimberga, nel cui territorio era Althorf.

A giustificare le molte lodi e le copiose testimonianze di stima per Scipione, che si possono vedere nelle fonti che abbiamo citato, giova accennare la modestia con cui Scipione espone le fatiche e le cure, dotte insieme e pazienti, da lui durate per dare compiuti alla luce i Commentari del DONELLO (60).

Che se l'avversione grande di cui Scipione fa mostra verso l'Imperatore Rodolfo II., e la sua intimità col famoso Langravio di Assia, Maurizio, lo mostrano anch'egli intinto della pece del tempo; non apparisce che gli si possano imputare quelle schifose adulazioni e quegli inni alla tirannide elevata a teoria, che bruttarono la fama di suo fratello Alberico (61). E anche pel valore nelle lettere e nella profonda conoscenza del Diritto, il MONTECHIARI non dubita di preferire Scipione ad Alberico (62).

Ove si trattasse vuoi di silenzii o vuoi di particolari giudizi soltanto dei contemporanei, potrebbe nascere il sospetto che, anche in questo caso come in molti altri d'ogni tempo, per qualche recondito scopo, si avesse di proposito esaltato uno meno valente, tanto solo da fare onta e impedire che gli sguardi si volgessero al più grande. Ma nei giudizi della posterità, fondati sulle Opere che le vennero tramandate e sull'insieme dei fatti accertati, queste deplorevoli arti passionate non possono aver luogo.

---

(59) *Antich. pic.* Vol. VIII. pag. VII-VIII.
(60) MONTECHIARI, pag. 82. 83. BENIGNI. *Antich. pic.* Vol. VIII. pag. IX.
(61) MONTECHIARI pag. 88. 89.
(62) Ivi pag. 90.

A dare la giusta misura della grande stima in che Scipione era venuto presso i cittadini e gli studenti di Althorf, è bastevole il fatto, che nel biennio in cui fu Rettore di quella Università frequentissima di uditori, nessuno mai osò contravvenire agli ordini suoi; anzi in una gravissima insurrezione che tentò rovesciarla e distruggerla, bastarono poche parole di lui per ricondurre la calma. Di che ebbe grandi congratulazioui e accrescimento di credito, e taluno esclamò di non aver mai veduto in tant'anni da che dimorava in quella città un simile prodigio. Tutto questo narra il BENIGNI, citando in prova gli Editti di Scipione agli scolari e una delle sue *Orationes rectorales,* dove ringrazia per bel modo di tanto affetto. Aggiunge ancora il suo biografo, che il successore di Scipione in quel supremo ufficio accademico volle tenerne il solo nome, lasciando a Scipione tutta l'autorità (63).

Non v'ha lode che il BENIGNI non tributi a Scipione, anche a riguardo del suo nobile animo e della generosità con cui, nel suo amplissimo commercio cogli uomini di studio, eziandio faceva loro copia talvolta di materiali per le loro Opere, e ne prendea le difese, come fece segnatamente per Giuseppe SCALIGERO. Tanto era lungi del suo cuore la bassa invidia gelosa del merito altrui (64).

Le Annotazioni poi di Scipione alla *Gerusalemme liberata* di T. TASSO quand'anche sia vero, come sospetta il BENIGNI (65), che siano in parte attinte a studî del padre; e la sua traduzione latina dei due primi e dei due ultimi canti della *Gerusalemme,* mostrano sempre, o abbia fatto tutto da sè, o abbia tratto partito da lavori paterni, animo benevolo al suo illustre concittadino, trattato così duramente dal Duca di Ferrara e da critici intemperanti, appunto in quel tempo (66).

---

(63) *Antich. pic.* Vol. VIII. p. XII. XIII. Gli Editti agli studenti di cui fa motto il BENIGNI, sono raccolti in seguito, e sotto il titolo medesimo, delle *Orationes rectorales,* nella cit. ediz. del Gravier, Tom. IV. pag. 295.

(64) *Antich. pic.* Vol, VIII. pag. XXV XXVI.

(65) *Antich. pic.* Vol. VII. pag. XXV.

(66) MONTECHIARI, pag. 69. — Di questo saggio di traduzione della *Gerusalemme liberata* dovuto a Scipione GENTILI, primo fra i traduttori di essa, e delle

Ed è pure da rammentare che Scipione non volse le spalle alla Patria per proprio divisamento; ma dalla Patria venne strappato, come vedemmo, per insidia paterna.

Il Piccart, e tant' altri con lui e dopo di lui, fra gl' inviti onorevolissimi a cattedre, che Scipione ebbe comuni con molti illustri Giureconsulti, ne nota distintamente due: quello ch' ebbe dagli stati d' Olanda, e quello sopra tutto fattogli da Papa Clemente VIII. che lo chiamò ad insegnare a Bologna. Secondo l' Ab. Tommaso Moro, l' invito fu anzi all' Archiginnasio della Sapienza a Roma. Supposto pure che le condizioni dell' offerta non fossero a rigor di parola quali le esprime il Piccart colle parole: *religionis libertate proposita*, rimane però sempre fermo, che tale invito generoso e cortese, fatto di preferenza a Scipione, conferma vieppiù il gran conto in cui era tenuto per l' altezza dell' ingegno e della dottrina e per la temperanza dell' animo, della quale tanto lo loda il Piccart, e che, se egli non lo avesse ricusato, chi dice per vano timore di non trovarsi abbastanza sicuro nella sua Patria, chi dice per le pressanti, larghissime e ripetute profferte del Senato di Norimberga, la tolleranza longanime del Pontefice avrebbe riacquistato all' Italia uno dei più illustri suoi figli (67).

Annotazioni a quel poema, parla diffusamente il Serassi nella *Vita di T. Tasso* T. II. pag. 134. Bergamo 1790. — Il Tasso fu posto fra' pazzi nel 1579, e liberato il 5 o 6 Luglio del 1586.

Che poi Scipione traducesse in latino anche i due ultimi canti della *Gerusalemme* e che questi siano stati stampati a Venezia nel 1585, lo asserisce il Benigni sulla fede del Cinelli (*Bibl. volg.*) e del Zeno nelle annotazioni al Fontanini; ma confessa di non aver veduto questa versione. Noi abbiamo veduto la ristampa dei due primi canti fatta a Venezia da Altobello Salicati, appunto nel 1585, con una lettera premessavi da Aldo Manuzio, data il 1. Marzo di quell' anno, piena di encomii, nella quale fa manifesto il desiderio che Scipione traducesse tutto il poema di Torquato. Ma la traduzione dei due ultimi canti della *Gerusalemme*, non vedemmo: anzi dobbiamo dire che non si trova nemmeno nella edizione di tutte le Opere di Scipione fatta dal Gravier a Napoli (1776), nel T. VIII. della quale vi sono soltanto la versione dei due primi canti e le Annotazioni alla *Gerusalemme*.

(67) Piccart, *Laudatio ec.* pag. 35, 36. — Montfaucon pag. 93. — *Antich. pic.* Vol. VIII. pag. XIV.

PARTE II.

IL POSTO CHE OCCUPA ALBERICO GENTILI NELLA STORIA DEL DIRITTO INTERNAZIONALE PUBBLICO.

~~~~~

CAPITOLO I.

I fondamenti del Diritto internazionale.

L'americano Enrico WHEATON, alla sua *Storia dei progressi del Diritto delle Genti in Europa e in America dalla pace di Westfalia sino a' giorni nostri*, premette, a modo d'introduzione, un compendio degli svolgimenti che andò prendendo il Diritto stesso, innanzi a quella pace, cioè fino all'anno 1648, nel quale fu conchiusa.

In contesta Introduzione, il WHEATON, prendendo le mosse dalla remota antichità, passa in rassegna le varie fasi che presenta il Diritto internazionale e i principali scrittori, che nell'evo moderno sono venuti mano mano riducendolo a forma di scienza. Il lavoro del WHEATON non è senza difetti, ma reca l'impronta di quella serietà, ch'è propria di chi tratta la scienza e la storia come richiedono la loro dignità ed importanza. Per quanto si attiene allo scopo nostro, il determinare cioè con verità il posto che si appartiene ad Alberico GENTILI nella storia della scienza del Diritto internazionale, possiamo trarre molto profitto dalla Introduzione del WHEATON, senza legarvici in tutto, poichè abbiamo sott'occhio le Opere di cui dà conto. Ad una grave omissione di lui procureremo supplire, con tanto maggiore impegno, poichè si tratta di porre nella luce che merita, così per la nobiltà dell'animo, come pel valore della mente, uno degli uomini più degni che vanti la nostra Patria, PIERINO BELLI di Alba, del quale il WHEATON tace affatto.

L' Introduzione del WHEATON incomincìa con queste parole:
« Le leggi e le consuetudini dalle quali erano governati i rap-
« porti delle nazioni europee, innanzi che il cristianesimo avesse
« dato al mondo nuovi lumi, erano tutte fondate sopra quel pre-
« giudizio, che vuole considerate le varie stirpi degli uomini
« come naturali nemiche tra loro. Presso i Greci e i Romani,
« s' aveano in conto di sinonimi le parole di straniero, di barbaro,
« di nemico. Gli stranieri erano fatti schiavi se uscendo dai loro
« confini toccavano quelli di un altro popolo. Se a questo costume
« antisociale si facevano eccezioni, era in virtù di un patto
« positivo tra due o più nazioni, ec. » (1).

Tutto questo, quanto è storicamente vero, altrettanto è profondamente filosofico. Un Diritto fra le nazioni è impossibile a
concepire, senza l'idea fondamentale della fratellanza degli uomini.
Soffocata questa idea dalle spine del paganesimo, altro più non
rimaneva che il predominio della forza. E se la ospitalità prati-
cata cogli stranieri; la inviolabilità degli ambasciatori; il timore
dell' ira de' numi, se la guerra fosse recata ad un popolo senza
averne ricevuto offesa, e quindi i reclami e le denuncie premesse
al rompere delle ostilità, gli ufficj dati ai feciali, e la schiavitù
medesima sostituita all' eccidio dei vinti, temperavano, con felice
contraddizione, le conseguenze della naturale nimistà fra' popoli
posta come principio; tutto questo dimostra che le verità fondamentali, impresse nella coscienza del genere umano, non possono
mai venire cancellate del tutto.

E allorchè rimossi gli ostacoli, diradate le tenebre, proclamato
altamente il principio e vedutene le conseguenze, pur tuttavia
nuovi sofismi e rinvigorite passioni tentano ricondurre il mondo
all' antica barbarie; la luce già fatta condanna inesorabilmente
ad una contraddizione molto più brutta dell' antica, perchè si con-

---

(1) *Histoire des progrès du droit des Gens en Europe et en Amérique,
depuis la paix de Westphalie jusqu' à nos jours, par* Henry WHEATON,
seconde edition, Leipzig, 1846. T. I. pag. 1.

fessa nella teorica il Diritto, nel punto medesimo che lo si rinnega nella pratica.

Il Diritto internazionale, al pari di ogni altro ramo delle morali discipline, non è e non può essere che un ordinato complesso di conseguenze logicamente dedotte da quei principî, che sono il lume dell'umana ragione, evidenti per sè, e fonte prima di tutte le scientifiche deduzioni. Ma poichè la varietà e complicazione dei fatti, ai quali occorre applicare i principî, sono sconfinate; le conseguenze pratiche dei principî tanto più difficili a dedurre, quanto più remote; le cause di errori nelle scienze pratiche, molteplici; e i limiti dell'intelletto umano ristretti; non è meraviglia che sia tanto lunga, penosa e piena d'inciampi e di cadute la via della scienza. Le circostanze che si vengono presentando, il bisogno sentito dagli animi retti di formarsi un giusto criterio intorno a gravi argomenti, il dovere di metter argine a deplorevoli illusioni, i danni morali e materiali, che dagli errori già commessi derivino; porgono le occasioni e gli stimoli a meditare sempre più le relazioni giuridiche e morali, ad esaminare con cura le opinioni che si vanno manifestando, a svolgere in somma quei germi, che nei primi evidenti principî stanno racchiusi; a preparare, a raccogliere e finalmente ordinare a sistema la dottrina, la scienza.

Le scienze, e sopratutto le morali, non s'inventano, non si fondano da nessuno: sono l'opera di molte menti, che attendono a meditare sopra i principî, che costituiscono il naturale patrimonio serbato nella coscienza della umanità. Nella scienza della natura fisica, la osservazione sempre più accurata e completa dei fatti sensibili eccita ad applicarvi il principio della causalità, sino a quel punto, nel quale anche la scienza della natura fisica, sia condotta in seno della madre comune di tutte le scienze, la metafisica. Nelle scienze morali poi, che non possono essere induttive, ma sono necessariamente deduttive, perchè riposano sopra l'assoluto, il necessario, l'universale; gli eventi umani e i rapporti che ne derivano, intorno a' quali la coscienza domanda una norma concreta, affinchè le opere della libertà non ripugnino alle richieste della ragione, offrono il campo a tutti quelli svolgimenti, che logicamente connessi ed ordinatamente dedotti formano una scienza.

Il Diritto internazionale, in quanto dottrina, in quanto scienza, non poteva tenere altra via, perchè non ve n'è altra da questa in fuori. Diciamo che altra non ve n'ha, quanto alla scienza; poichè di sogni ai quali siasi dato nome di scienza, anzi che siano mandati attorno come assiomi, ve n'ha senza fine. Per questo, a gran ragione si sente, si confessa e si deplora tanto oggidì da molti lo scadimento delle morali dottrine, da tutti le conseguenze pratiche che ne derivano. Non cerchiamo poi con quanto senno si gridi la croce addosso ai rimedii, che soli varrebbero a sanare il male nella sua radice, ritraendo le scienze tutte dalle loro aberrazioni, rilevandole dal basso stato in cui caddero, e fornendo degli opportuni presidii l'intelletto e la volontà, affinchè alla rettitudine dei pensieri rispondesse la onestà delle opere.

CAPITOLO II.

Ostacoli e aiuti allo svolgimento del Diritto internazionale.
Il Diritto romano, il Diritto canonico, i Giureconsulti,
i Teologi, i Moralisti. — Scoperta dell'America.

Sebbene sia vero che la luce del Cristianesimo facesse apertamente manifesto anche il principio della fratellanza degli uomini; tuttavia i frutti, che da tale radice dovevano germogliare, trovarono per molti secoli ostacoli gravissimi. L'ordinamento profondamente pagano delle nazioni, la tenacità de' pregiudizi inveterati e quella causa generale e costante, riposta nell'umana corruzione, per la quale torna più o meno difficile l'ottenere la piena attuazione pratica del bene, e si è costretti sovente a sopportare in pace molti disordini, talvolta anche gravi, per non impedire grandi beni, o per evitare mali maggiori; tutto questo spiega agevolmente le difficoltà di cui parliamo.

Chi conosce il Diritto romano, nella sua forma ultima datagli da Giustiniano, sa bene quanto di reminiscenze pagane esso racchiuda, sebbene in parte s'informi alle dottrine del Cristianesimo. E basti all'uopo nostro il fr. dei Digesti circa il postliminio, che ha luogo anche nello stato di pace, al quale si appoggia il cenno surriferito del WHEATON: *In pace quoque postliminium datum est; nam si cum gente aliqua neque amicitiam, neque hospitium, neque foedus amicitiae causa factum habemus, hi hostes quidem non sunt; quod autem ex nostro ad eos pervenit, illorum fit, et liber homo noster ab iis captus servus fit et eorum. Idemque est, si ab illis ad nos aliquid perveniat; hoc quoque igitur casu postliminium datum est.* (2)

E certamente se il Diritto romano, quanto alle relazioni private sopratutto in ciò che spetta alla proprietà, ai diritti reali, alle obbligazioni, ebbe gran parte nei progressi del Civile Diritto; non è possibile negare, che per lunga stagione ebbe influenza nocevole sul Diritto pubblico così interno come esterno.

. Il *quod principi placuit, legis habet vigorem,* si sa bene che cosa abbia prodotto. E lo stesso Luigi XIV., che lo aveva tradotto nella frase famosa: *l'état c'est moi,* si avvide pure che colui il quale pensa di potere tutto ciò che vuole, è difficile che si astenga dal volere talvolta ciò che non deve (3). Sentenza stupenda, che si attaglia benissimo ad ogni legislatore vuoi individuo o vuoi corpo.

Con tutto ciò, una grande verità, quando è proclamata e sorretta da efficaci presidii per recarla in atto, a lungo andare trionfa. In prima essa viene insinuandosi nell'animo degli individui, e per questa via giunge un po' alla volta ad entrare nelle attinenze

---

(2) L. 5. Dig. *De captivis et postliminio, 49. 15.*

(3) *Quand on peut tout ce que l'on veut, il n'est pas aisé de ne vouloir que ce que l'on doit. Memoires de Louis XIV.* T. II. pag. 126 edit. Dreyss.

pubbliche. La dottrina morale, che la proclama a dispetto di tutti gli ostacoli, coglie ogni occasione per farla balenare alle menti sempre più splendida, e viene da ultimo chi ne raccoglie il beneficio, quanto più compiuto si possa, così nella speculazione scientifica come nel pratico effetto.

Non diversa da questa è la via che tenne nel suo esplicamento il Diritto internazionale. E bisognerebbe essere affatto digiuni d'ogni cultura per ignorare, che non v'ha forse uno fra i grandi scrittori filosofi e teologi anteriori al secolo XVI., il quale, in una forma o in un'altra, ad una od altra occasione, non abbia discorso della natura della società civile; dei principii di naturale giustizia fra gli uomini; del fondamento, dei limiti e dei doveri del potere supremo; della intrinseca bontà necessaria alle leggi; dei doveri di benevolenza fra gl'individui e fra le nazioni; delle regole morali della vita pacifica; delle condizioni perchè sia giusta la guerra a preservazione del Diritto violato; della temperanza da serbare eziandio in questa estrema necessità; di quanto insomma si riferisce al reggimento giusto ed onesto dell'umana società.

Ma volendo considerare da vicino le circostanze, a dir così estrinseche almeno in parte, che concorsero allo sviluppamento del Diritto internazionale, bisogna pure concedere ancora che, ad onta delle sinistre influenze di certe massime vecchie, conservate nel Diritto Giustinianeo, il Diritto romano nell'ultimo suo stadio e nell'ultima sua forma, abbia avuto, colla parte buona che contiene un'azione propizia nel porre le basi e nel dare ordine ed incremento al Diritto pubblico dell'Europa. Anche inciampando e cadendo talvolta, si va innanzi, tanto più se una mano soccorritrice v'aiuta a rialzarvi.

I tesori di sapienza civile, che il Diritto di Roma aveva accumulato nel suo lungo e costante svolgimento; la fusione ed anzi la sommessione del *ius civile*, strettamente detto, ad un Diritto più universale e in molte cose più razionale, che sotto nome di *ius gentium* aveva finito per informare tutta la legislazione e la Giurisprudenza romana; la universale diffusione di essa in tutto il mondo civile colle ampie conquiste che a Roma lo avevano assoggettato; il sistema dei Barbari, che forse pensando essere i vinti meno degni di partecipare al Diritto proprio de' loro conquistatori, lasciavano e imponevano a' popoli soggiogati di vivere a legge romana, e così la conservavano e un poco alla volta ne subivano essi medesimi la prevalenza, com' è proprio di una maggior civiltà; le costituzioni municipali già romane divenute il fondamento del governo a comune, dovunque questo potè sorgere; la unificazione che di necessità si va operando fra stirpi viventi nel medesimo luogo; il risorgimento degli studî sul Diritto romano per opera della celebre Scuola di Bologna; l' importanza ch' ebbero i Professori di questa, non solo come Giureconsulti privati, ma eziandio come pubblici ufficiali e diplomatici e giudici delle contese fra gli Stati e fra l'Imperatore e i comuni; tutte queste circostanze conducevano a trasferire nel Dirtito pubblico le dottrine giuridiche romane di ragion privata, sulle quali ponevano tanto studio gl'interpreti del *Corpus iuris Iustinianaei*. E ciò tanto più doveva avvenire, perchè v' ha pure intrinsicamente alcun che di comune fra le relazioni private e le pubbliche, perchè i cánoni della giustizia fra individui non sono opposti a quelli che devono aver vigore fra gli Stati; perchè in fine dall'antico concetto del *ius gentium* considerato quale complesso di norme giuridiche universali per tutti gli uomini e non già ristrette ad una particolare cittadinanza, è breve il passo al concetto moderno di un · Diritto delle genti, che tutte le nazioni debbano ammettere come regola delle loro vicendevoli relazioni pubbliche.

« Le repubbliche italiane (scrive il Wheaton) erano nate dalla
« costituzione municipale delle città romane, costituzione ch' era
« stata conservata sotto il dominio dei Longobardi, dei Franchi,
« degl' Imperatori e dei Papi. Nella lotta fra le città lombarde che
« reclamavano la loro indipendenza e Federico Barbarossa che
« tenea fermo sopra i suoi diritti regali, spesso si fece appello ai
« giureconsulti per decidere la contesa. Federico, come successore
« di Augusto e di Carlo Magno, domandava il potere pieno e di-

« spotico che gl' Imperatori romani avevano avuto sui loro sudditi.
« La lega lombarda all' opposto adduceva, come titolo all' indipen-
« denza, un lungo possesso e l' acquiescenza degli antecessori di
« Federico. La dieta di Roncaglia del 1158. decise che i diritti
« regali appartenevano esclusivamente all' Imperatore, eccetto il
« caso che le città potessero mostrare carte imperiali di esenzione.
« Si crede che tale decisione fosse dovuta all' influenza dei *quattro*
« *dottori* (4) di Bologna, ch' indi vennero accusati di avere tra-
« dito le libertà dell' Italia colla loro vergognosa servilità. Non ci
« spetta trattare tale questione: il fatto che citiamo prova che
« nelle contese gravi si consultavano i legisti, i quali acquistavano
« così una nuova importanza, come interpreti della scienza del
« Diritto internazionale » (5).

« Da questo momento tale scienza si riguardò come riservata
« specialmente ai giureconsulti dell' intera Europa, eziandio nei
« paesi che avevano accolto soltanto in parte il Diritto romano
« quale base del proprio loro Diritto municipale. In tutte le con-
« troversie di Diritto internazionale si ricorse sempre all' autorità
« dei giureconsulti romanisti, e di essa si faceva spesso una falsa
« applicazione, avendo le loro decisioni in conto di leggi univer-
« salmente obbligatorie (6) ». Fatto, del resto, che si avverò
anche sul terreno del privato Diritto; poichè le opinioni di BAR-
TOLO, capo della scuola succeduta a quella dei glossatori, (morto nel
1357), ebbero nella Spagna e nel Portogallo autorità di legge; e
la spiegazione de' suoi trattati fu posta nell' Università di Padova
al posto medesimo delle fonti e delle glosse, nella cattedra che
avea per titolo: *Lectura textus, glossae et Bartoli.*

---

(4) BULGARO, MARTINO GOSIA, GIACOMO DA PORTA RAVENNATE e UGO DI AL-
BERICO. Alcuni dicono che BULGARO dissentisse dagli altri tre.

(5) Non entra nel nostro compito il discutere le tante questioni storiche alle
quali danno luogo i fatti, che il WHEATON accenna, forse non abbastanza esattamente. Per la conchiusione che ne trae ciò torna indifferente.

(6) WHEATON, l. c. pag. 29-30.

« Lo spirito pel Diritto romano (prosegue il WHEATON) era pe-
« netrato anche nel codice ecclesiastico, e si può riguardare come
« una circostanza favorevole al rinascimento della civiltà in Eu-
« ropa che gl' interessi del clero lo impegnassero a conservare un
« certo rispetto per i principî immutabili della giustizia (7). La
« monarchia spirituale dei pontefici romani (8) era fondata sopra
« il bisogno di un potere morale per temperare i grossolani di-
« sordini della società nel medio evo. Si può a buon diritto riguar-
« dare la immensa influenza dell' autorità papale a quest' epoca,
« come un beneficio per l' umanità. Essa salvò l' Europa dalla
« barbarie, e divenne il solo rifugio contro l' oppressione feudale.
« La compilazione del Diritto canonico fatta sotto Gregorio IX.
« contribuì a far adottare i principii della giustizia al clero catto-
« lico, nell' atto stesso che la scienza dei casuisti, divisata da essi
« per aiuto nell' adempimento dei loro doveri circa la confessione,
« aprì un largo campo alle speculazioni della vera scienza della
« morale ».

« Riassumendo in poco quanto dicemmo intorno ai progressi del
« Diritto delle genti nel medio evo, si può osservare che poste le
« massime e gli usi antisociali praticati dagli antichi Greci e Ro-
« mani nelle loro vicendevoli relazioni, e in quelle colle altre
« stirpi, che chiamavano Barbari; la religione cristiana doveva
« abolire l' antico precetto pagano: *Odia il tuo nemico*; e sosti-
« tuirvi il precetto divino: *Amate i vostri nemici*; precetto che
« non si poteva conciliare colla guerra perpetua. Tuttavia questa

---

(7) Non sapremmo dire a punto che cosa intenda qui il WHEATON. Egli poco
dopo mostra il clero inteso, secondo l' istituto suo, allo svolgimento e applicazione pratica della morale. Ora *i principii della immutabile giustizia* essendo
parte principalissima della morale, non solo *un certo rispetto* ma *tutto il rispetto* dovettero avervi i moralisti; e l' accordo degl' interessi che li spingevano,
con siffatti principii immutabili di giustizia, non è solo *una circostanza favorevole*, che vuol dire accidentale, ma una *circostanza necessaria*.

(8) La espressione del WHEATON forse non è qui esattissima; ma il contesto
mostra ch' egli non discorre del potere spirituale in sè, ma soltanto della influenza
morale dei Pontefici per frenare i disordini di cui parla.

« legge più pura doveva lottare penosamente contro l'inimicizia
« secolare delle varie stirpi del mondo antico, e contro lo spirito
« intollerante dei secoli di barbarie che succedettero alla caduta
« dell'Impero romano. Si fu nel corso del medio evo, che gli stati
« cristiani dall'Europa cominciarono a ravvicinarsi e a riconoscere
« un Diritto comune tra loro. Codesto Diritto aveva per fondamento
« principale le circostanze seguenti: »

« 1.° Il risorgimento dello studio del Diritto romano e l'essere
« stato questo Diritto da quasi tutti i popoli dell'Europa cristiana
« adottato come base della legge positiva di ciascun paese e come
« ragione scritta e Diritto sussidiario »;

« 2.° L'unione della Chiesa d'Occidente sotto un solo capo
« spirituale, l'autorità del quale era spesso invocata quale arbi-
« tra suprema fra i sovrani e le nazioni ».

« Per tale guisa il Diritto delle genti moderne dell'Europa
« trasse la sua doppia origine dal Diritto romano e del Diritto
« canonico. Le traccie di siffatta duplice origine s'incontrano di-
« stintamente negli scritti dei casuisti spagnuoli e dei legisti ita-
« liani. I Concilii generali della Chiesa cattolica erano spesso con-
« gressi, che si occupavano, non solamente degli affari ecclesiastici,
« ma regolavano nel tempo stesso gli affari contenziosi fra i vari
« Stati della Cristianità. Come già dicemmo, i giureconsulti erano
« in quest'epoca pubblicisti e diplomatici. Tutti gli scrittori di
« Diritto pubblico innanzi a Grozio hanno fatto ricorso principal-
« mente all'autorità degli antichi giureconsulti romani e dei ca-
« nonisti. La rivoluzione religiosa del sedicesimo secolo scosse una
« delle basi di questa giurisprudenza universale. Tuttavolta, i pub-
« blicisti della scuola protestante, rinunziando all'autorità della
« Chiesa di Roma, non tralasciarono d'invocare quella del Diritto
« romano, come ragione scritta e come codice universale » (9).

Abbiamo voluto riferire questo brano del WHEATON, autore certamente non sospetto di parzialità, pel concetto che racchiude in-

_____

(9) WHEATON, l. c. pag. 30 - 32.

torno all' importanza del Diritto canonico, che tanto conferì al
perfezionamento del Diritto vuoi privato e vuoi pubblico.

Oggi lo studio del Diritto canonico è lasciato in disparte del tutto,
quando non anzi venga manomesso ne' suoi fondamenti, nel suo
contenuto, nello spirito che lo informa, nella sua importanza pel
passato, nel suo valore costante, con quel danno della scienza e
della storia del Diritto che ognuno può vedere se vuole. Fatto tanto
più deplorevole, in quanto che, almeno fino a questi ultimi tempi, non
si è avverato nemmeno ne' paesi protestanti, ne' quali, se gli scrittori inciampavano in parte, per effetto de' pregiudizî e degli errori
di loro setta; dal lato storico serbavano le genuine fattezze delle
sue fonti e le studiavano profondamente.

Ma innanzi l'apparire del protestantesimo, che già covava da
lunga stagione, un avvenimento storico di primo ordine venne a
porgere occasione e a dare gagliardo impulso a discutere di tutti
quegli argomenti che appartengono al Diritto pubblico, ad usufruire
gl' immensi materiali preparati, e quindi a raccoglierli é ordinarli
in forma di scienza particolare; venne cioè la scoperta dell' America, dalla quale sorsero tante gravissime dispute nelle scuole, ne'
libri e ne' consigli di quegli Stati, che primi occuparono i territorî
nuovamente discoperti, e condussero la guerra contro i popoli che
li abitavano, in quel modo che dice la storia.

Si trovarono alle prese da un lato la sete d' impero e di oro, e
dall'altro la carità; e da questa lotta vivissima ebbero origine
molti scritti, più o meno ampii, più o meno profondi, che propugna-
rono i principî dell'eterna giustizia e della immutevole onestà
nelle relazioni internazionali.

« La Spagna sotto Carlo V. e Filippo II. era divenuta la pri-
« ma potenza militare e politica dell' Europa, che manteneva grossi
« eserciti e facea lunghe guerre; e perciò doveva essere la prima a
« sentire il bisogno di quella parte essenziale del Diritto delle genti,
« che determina sistematicamente i principî della guerra » (10).

_____

(10) WHEATON, l. e. pag. 41.

V' aveano dunque cagioni, esempî ed eccitamenti assai perchè pure ne' paesi non direttamente impegnati nella contesa circa i diritti della Spagna e quelli degli Indiani, fossero meditati gli argomenti che spettano al Diritto internazionale, specialmente di guerra, sotto aspetti generali e con metodo scientifico.

La maggior parte degli scritti sopra le gravi quistioni americano-spagnuole, giace inedita negli archivî di Spagna; ma i lavori che prima nella Spagna, poi nell' Italia vennero in luce nel secolo XVI. attinenti a questo ramo del Diritto, bastano a mostrare per opera di chi, con quale indirizzo e per qual via il Diritto internazionale assumesse le forme di sistema scientifico.

Entriamo dunque a far cenno dei principali scrittori, tenendo l' ordine di tempo.

CAPITOLO III.

Francesco da Vittoria — Domenico Soto.

Fra le *Relectiones theologicae* dell' illustre Domenicano Francesco DA VITTORIA professore all' Università di Salamanca, pubblicate dopo la sua morte (11) ve n' hanno due: la *Relectio V. De Indis* e la VI. *De iure belli Hispanorum in barbaros*, nelle quali, movendo dai supremi principi del giusto, l' insigne scrittore, con profonda dottrina e con libera parola, condanna le guerre crudeli e la rapacità de' suoi concittadini nel nuovo mondo.

Delle tre sezioni nelle quali è pârtita la *Relectio de Indis*, la prima è teologica e giuridica insieme e difende il diritto di dominio anche in quelli che siano separati dalla verità religiosa. La seconda sezione tratta *de titulis non legitimis quibus barbari novi orbis venire potuerint in ditionem Hispanorum;* e vi mostra la vanità

---

(11) La prima edizione delle *Relectiones* è di Lione 1557. Furono pubblicate più correttamente a Salmanca nel 1565. La edizione che citiano è di Lione 1586, posseduta dalla Biblioteca di Piacenza.

dei pretesi titoli sui quali si voleva fondare il dominio spagnuolo sull'America. Nella terza in fine discorre *de titulis legitimis, quibus barbari potuerint venire in ditionem Hispanorum.*

In questa terza sezione il dotto autore dimostra a punta di ragione essere comune diritto degli uomini l'entrare in relazioni pacifiche con qualunque popolo; l'offrire i proprii prodotti in cambio degli altrui; il dimorare, senza dar molestia, in territorio estero; il far manifeste, ai popoli che le ignorino, le verità religiose, esclusa sempre la violenza. Da queste pacifiche relazioni possono derivare titoli varî pei quali sorga legittimamente il dominio politico e civile sopra il popolo già barbaro; come sarebbero: la volontaria elezione, la difesa di quel popolo dalla tirannia degli antichi suoi dominatori, che volessero impedire o distruggere quel bene che veniva recato e promosso dagli ospiti civili sopravenuti. Che se il popolo barbaro, contro il comune *ius* di natura, recasse ingiuria all'ospite pacifico e benefico, impedendolo nell'esercizio dei naturali suoi diritti, può sorgere giusta ragione anche di guerra, a titolo di legittima difesa.

Ed ecco dalle questioni particolari sugl'Indiani, far passaggio il VITTORIA, nella *Relectio VI. De iure belli,* alle dottrine generali. In quattro questioni che propone, egli dimostra, con argomenti di ragione e confermazioni di autorità; 1.° essere falso che la guerra sia sempre assolutamente illecita, come sostenne Lutero (12);

---

(12) *Relect.* VI. pag. 226. — Nella celebre guerra, detta de'paesani, insorti contro i signori, Lutero si pose da prima apertamente contro questi. Ma cresciuto pe' suoi conforti quello smisurato incendio, avvedutosi Lutero che Munzer, se trionfava, lo avrebbe soppiantato, non pose tempo in mezzo per spingere i principi a fare strage dei paesani, ch'egli proclama figliuoli di Satana. L'AUDIN chiama l'invito di Lutero ai principi la sua *Marsigliese.* Per Lutero la guerra non è giusta mai; ma se può servire al suo orgoglio, allora le vittime si lascino buonamente sgozzare, e i carnefici trionfino. Che se poi, pensatovi sopra un poco, paventerà la vittoria dell'ambizioso rivale, allora santa e doverosa cosa sarà che i principi schiaccino senza misericordia gl'insorti; e se pure cadessero, saranno martiri. HOSPINIANO e DE MENNO, protestanti, hanno già dato il fatto suo a Lutero, che tanta colpa ebbe in quell'orrenda guerra (AUDIN, *Histoire de Luther,* Tom. II. Chap. XXIV).

ma anzi potersi fare per necessaria rivendicazione del proprio diritto; 2.° spettare soltanto al pubblico potere il moverla, sia principato o repubblica; 3.° essere necessaria una causa giusta per farla, e questa causa giusta non poter essere la diversità di religione; nè l'ampliamento dell'Impero, ciò che sarebbe evidente contraddizione, perchè la guerra a solo scopo d'ingrandimento sarebbe giusta da ambe le parti, e quindi sì l'una che l'altra essendo innocenti, non sarebbe giusta l'uccisione, ch'è nell'essenza della guerra; nè causa giusta di guerra essere la gloria propria o l'utilità del principe, ma soltanto l'ingiuria ricevuta, purchè sia così grave da avere proporzione colla grave cosa ch'è la guerra. Nella questione 4.° il VITTORIA determina, con egual cura, che cosa sia lecito nella guerra; e posta la proposizione generale: esservi lecito tutto ciò ch'è necessario alla giusta difesa del pubblico bene, conforme alle premesse dottrine, viene minutamente sviluppandola nelle applicazioni particolari, e indi scioglie i molti dubbi che possono sorgere in cosiffatta importante materia.

Dalle chiarissime argomentazioni del VITTORIA discende come necessaria conseguenza, non essere lecita la guerra contro chi sia disposto a far decidere amichevolmente la contesa che vi potrebbe condurre. Non offende il diritto altrui chi, nel dubbio, accetta l'altrui imparziale giudizio. E il VITTORIA la trae espressamente codesta illazione, ponendo così il saldo fondamento degli arbitrati internazionali, sopra il quale argomento passa, come vedremo, assai leggermente Alberico GENTILI. Ecco le proprie parole del VITTORIA: *Oportet ad bellum iustum magna diligentia examinare iustitiam et caussas belli, et audire etiam rationes adversariorum, si velint ex aequo et bono disceptare, et oportet consulere probos, et sapientes viros, et qui cum libertate et sine ira aut odio, et cupiditate loquantur. Haec manifesta est. Nam cum in rebus mortalibus difficile sit verum et iustum attingere, si negligenter ista tractarentur, facile errabitur, nec talis error excusabit authores, maxime in re tanta, et ubi agitur de pe-*

*riculo et calamitate multorum, qui tandem sunt proximi, et
quos diligere tenemur, sicut nosipsos* » (13).

È il succo di quanto si disse e si può dire di meglio sugli arbitrati, perchè approdino a qualche cosa.

Domenico Soto, discepolo e successore del VITTORIA nella cattedra di Salamanca, morto nel 1560, pubblicò un trattato *De iustitia et iure*, composto dalle sue lezioni, nel quale seguendo le
orme del suo maestro tocca sparsamente le dottrine morali e giuridiche intorno alla guerra, senza ridurle e coordinarle in una
trattazione speciale ed ampia abbastanza, come aveva fatto il
VITTORIA (14). Soto fu da Carlo V. costituito arbitro della contesa
tra Sepulveda difensore del coloni spagnuoli e Las Casas protet-
tore degl' indigeni dell'America, circa la schiavitù di questi ultimi.
L'Editto di riforma del 1543 fu emanato in conseguenza del giudizio di Soto favorevole agl' Indiani. Nè qui egli si arrestò, ma
condannò apertamente la tratta dei negri, che i Portoghesi allora incominciavano a praticare cogl'inganni sulle coste dell'
Africa (15).

Nella classe di scrittori, alla quale appartengono VITTORIA e
Soto, entra pure francesco SUAREZ, che GROZIO giustamente aveva
in altissima estimazione. Ma esso è fuori del campo che percor-
riamo, poichè la sua grande opera: *De legibus et Deo legislatore,*
fu pubblicata soltanto nel 1613.

---

(13) *Relect.* **VI.** pag. 235.

(14) La prima edizione dell' Opera di Soto: *De iustitia et iure,* fu pubblicata a Salamanca nel 1556, soli sette libri; ivi stesso poi nel 1569, otto libri;
più tardi si aggiunsero i due ultimi libri di materie puramente teologiche e canoniche. Nella edizione di Venezia 1589, che abbiamo in mano, ci sono tutti i
dieci libri, ed è arricchita di un copioso indice alfabetico comodissimo.

(15) WHEATON, l. c. pag. 32 - 33.

CAPITOLO IV.

Pierino Belli.

Di questo illustre cittadino di Alba scrisse un' ampia e diligente biografia un suo conterraneo, il Barone VERNAZZA di Freney, verso la fine del secolo passato (16). Innanzi di parlare dell' Opera sua e dell' influsso che esercitò sopra gli scrittori del Diritto di guerra, che vennero dopo di lui, è bene conoscere l' autore, troppo dimenticato fino a pochi anni addietro, tanto che il WHEATON neppure lo nomina. A metterlo nel posto che merita, sopra Alberico GENTILI, pose studio il ch. prof. P. S. MANCINI, come vedremo poi.

Il VERNAZZA, argomentando dagli anni, mesi e giorni che visse, noverati nella epigrafe scolpita sopra la sua tomba, ne pone la nascita al 20 Marzo 1502, mancando i libri de' battesimi della chiesa di Alba sino al principio del 1553.

All' età di trentatre anni, era già Pierino BELLI *auditore di guerra* negli eserciti dell' Imperatore Carlo V.; poi fu *consigliere di guerra* di Filippo II. re di Spagna, e infine *consigliere di Stato* di Emanuele Fliberto di Savoia. Il frutto de' servigi da lui resi agli spagnuoli, per quanto potè conoscere il VERNAZZA, si riduce ad una pensione ch' ebbe il BELLI di 400 scudi a vita. Delle sue benemerenza verso Emanuele Filiberto e Carlo Emanuele I. ebbe splendido ricambio, non di solo denaro, ma eziandio di fiducia e di encomii. Il suo biografo ne reca in prova parecchi diplomi di quei due principi, tratti degli archivii camerali. In particolare, quello del 1.° dicembre 1565 è notevole, perchè Emanuele Fliberto vi prodiga lodi splendidissime al BELLI, dimostratosi a lui devoto e fedele « più negli avversi casi che nella prospera « fortuna », siccome quello che « essendo nato fuori dello stato

---

(16) *Vita di Pietrino Belli di Alba, Signore di Grinzane e di Bonvicino consigliere di stato di Emanuele Filiberto, descritta dal barone* VERNAZZA *di Freney patrizio albesano, segretario di Stato del re, ecc.* Torino nella stamperia reale, 1783, in 4.

« e dominio nostro, e per questo essendo più per buona voluntà
« che per altro obbligo inchinato al servitio nostro, ha nondimeno
« in tutte le guerre passate costantemente abbracciato il sevitio
« nostro et in esso perseverato fin all'ultimo ponto, et nè per
« confiscatione de' beni, nè per esilio, nè per altri infiniti pericoli
« et danni per tanto longa guerra patiti, nè per grassi et honorati
« partiti che li venivano da' nostri nemici offerti, ha mai cangiato
« fede, nè mostratosi stanco negli affari del detto nostro servitio
« et stato: et avendolo noi, dopo la pace et recuperatione del no-
« stro stato, implicato in molti vari et importantissimi nostri negotii
« et spetialmente in haver fatto elettione di lui in difendere le
« ragioni dello stato nostro e nostre contro le pretensioni del re
« cristianissimo: nella quale impresa havemo chiaramente cono-
« sciuto la fede et sofficienza sua: per il che ne conoscemo non
« solamente obbligati ad usare con lui della liberalità nostra, ma
« della rimuneratione, senza la quale a pena potriamo escusarsi
« il che a Dio non piaccia che mai si vedi in noi tal vitio, della
« ingratitudine, ec. » (17).

Il VERNAZZA narra i fatti più memorabili della vita del BELLI,
per verità degnissimi di solenne ricordazione.

« Stretta era di valido assedio nel 1557 la fortezza di Cuneo
« da Bisacco, e già venendo meno la munizione da bocca, i Sa-
« voiardi mandarono ad avvertire il marchese di Pescara delle
« angustie loro; e si 'l pregarono caldamente che li venisse a
« soccorrere. Se non veniva più di trenta dì non si poteano so-
« stenere. Il che eziandio al marchese faceva sapere Petrino Belli
« il quale già era molto tempo che per ordine dell'imperatore
« ne' consigli entrava di guerra; così era egli da sua Maestà e
« leale e prudente tenuto. Laonde pregato e scongiurato dalle
« spesse lettere di Petrino, se n' andò il marchese in Asti; e colà
« raunato consiglio, pareva che in ogni cosa fussero d'accordo,

---

(17) VERNAZZA, pag. 12 e 71 - 73.

« fuor che nel trovar danari, senza i quali non sperava il marchese
« di poter cavar genti fuori delle fortezze Ma tutti andavano
« aspettando quel ch' e' si volesse fare il Belli, e che partito
« prendesse a questa difficoltà; già ch' egli n' avea fatto venire
« il marchese. Ora egli, senza molto indugio, liberamente disse,
« ch' egli si trovava avere in casa certi vasellami d' argento, de'
« quali si sarebbero cavati forse duemila scudi, e ch' egli per que-
« sto sevigio cotanto necessario gli darebbe volentieri. Tutti poi
« il consiglio e l' autorità sua seguirono ma per diversi rispetti:
« assai mossi dal suo esempio, assai di sua voglia, ma assai più
« da speranza e da vergogna sospinti » (18).

Atti molti di cosiffatta generosa abnegazione, non solo nelle
ricche, ma eziandio nelle umili classi della società, e di verace
amore della Patria, si rinnovarono nel 1848 e 1849, tre secoli dopo
il BELLI, in quella Venezia, della quale riferiremo, nel Capitolo
seguente, lo splendido elogio fattone da lui.

L' incarico di trattare gl' interessi di Emanuele Filiberto cogli
inviati del re di Francia a Lione, affinchè venissero da questo
restituite le cinque fortezze del Piemonte, e il modo in cui il BELLI
l'ebbe adempiuto, sono rammentati nell'onorevole diploma del quale
abbiamo poco sopra recitato le parole.

Nè minor senno, prudenza e lealtà dimostrò il BELLI nell'affare
del regno di Cipro. Solimano aveva invitato Emanuele Filiberto a
ricuperare il regno di Cipro, del quale portava il titolo ereditario (19).

---

(18) VERNAZZA, pag. 10 - 12. La narrazione è tratta dalla vita di Emanuele
Filiberto, scritta da Giovanni Tosi, citata nella sua nota 28, pag. 48.

(19) Non ci venne trovata indicazione dell' anno in cui avvennero i fatti qui
narrati. Dall' insieme apparisce non essere stato molto prima del 1565. Solimano
regnò del 1520 al 1566.

A quel tempo l' isola di Cipro apparteneva alla Repubblica veneta che l'aveva acquistata per l' abdicazione di Caterina Cornaro nel 1489, e la prodette nel
1571, per la caduta di Famagosta, invano strenuamente difesa da Marcantonio
Bragadin; quello a punto al quale Mustafà Pascià, che comandava l' assedio
in nome di Selim II., violando i patti della resa, fece cavare vivo la pelle e
portolla in trionfo a Costantinopoli. Dall' arsenale di colà, dove si custodiva, due

VERNAZZA, seguendo il TOSI, narra che « sin da principio Ema-
« nuele Filiberto aveva comunicato tutto il fatto a Petrino Belli,
« grandissima stima facendo del suo consiglio, e già nell' animo
« suo aveva preso irrevocabile risoluzione. Ma pure volendo in-
« tendere il voto de' suoi consiglieri, li convocò in assemblea. La
« maggior parte inchinavano ad accettar la proposta . . . . Ma
« gli altri consiglieri, uomini di lealtà e di valore grandissimo,
« de' quali si nomina il solo Belli, negarono doversi acconsentire.
« Nella quale consulta, Petrino Belli si mostrò egualmente circo-
« spetto nelle cautele dello Stato, e severo e tenace di quelle
« massime religiose, ch' egli avea già esposto ne' suoi libri, e che
« diedero occasione all' Osasco di lodarlo come giureconsulto pre-
« clarissimo e prudentissimo. » (20).

Questo secondo fatto è rammentato anche dal MANCINI nella
nota al luogo che riferiremo nel seguente Capitolo VI., insieme
all'altro importante incarico affidato al BELLI da Emanuele Filiberto, nella contesa tra il duca di Ferrara e i Fiorentini, i Modenesi
e i Lucchesi circa i confini dei rispettivi territorii. Durava questa
lite da secoli, e alcuni accordi, o stabiliti o avviati, od erano
stati rotti o aveano fallito. Le cose erano giunte a tale, che si
stava per venire alle armi. « Pur si convenne col cardinal di
« Ferrara . . . di un terzo giudice, che vedesse la differenza e ne
« desse sentenza. E fu eletto il duca di Savoia, il quale mandò

---

prigionieri veneti fuggiti di schiavitù riportarono a Venezia la pelle del Bragadin
ed ebbero lodi e pensione dalla Repubblica. Di ciò si conserva il processo auten-
tico nell' Archivio de' Frari, dove molti anni addietro lo abbiamo letto. La pelle
del Bragadin, chiusa in un' urna, sta nella chiesa de' SS. Giovanni e Paolo in
Venezia, con una iscrizione che ricorda quel valoroso capitano. — Certamente
il consiglio del BELLI mosse da più alte cagioni che non siano le sue simpatie
per Venezia; ma lo splendido elogio di essa fatto da lui nell' Opera Da re militari, che riferiremo nel Capitolo seguente, mostrano che queste simpatie erano molte vive.

(20) VERNAZZA, pag. 14, e 49 n. 33. — Si può vedere, in relazione con questo argomento, l' Opera del BELLI, Parte II. Tit. XVII: An christiano regi li-
ceat auxilio uti infidelis principis.

« messer Petrino Bello auditore del suo consiglio al luogo della
« differenza, persona nobile, intendente e di buon giudicio, che
« vide, udì et esaminò testimonii dell'una e dell'altra parte; e
« non avendo potuto indurre i litiganti ad alcuna convegna, pro-
« nunciò nella causa, i contratti altra volta fatti esser valevoli, ec.
« Ma fu che fare ad indurre il duca di Ferrara e' suoi popoli a
« contentarsi di quella sentenza e della terminazione più d'una
« volta conosciuta. Pure l'autorità del duca di Savoia vi hebbe
« gran forza. Nè vogliamo tacere che di contrario sentimento
« erano stati due altri Piemontesi, Marcantonio Natta ed Aimone
« Cravetta, uomini certamente stimabili fra i dottori di quella
« età. Ma la esperienza del foro non basta a trattare gli affari
« de' principi » (21).

Ci si permetta qui di chiedere: e se il Duca di Ferrara non
avesse voluto accettare la sentenza degli arbitri, come si
avrebbe provveduto? Pierino BELLI si potrebbe chiamare lo SCLOPIS
del secolo XVI. Ma se all'uno o all'altro fosse accaduto, che i
litiganti non volessero eseguire il giudicato, in qual modo si
potevano costringere a rispettare nel fatto la sentenza da essi
medesimi d'accordo invocata? Le discussioni sopra l'importanza
e l'utilità dell'arbitrato internazionale sono bellissime, e più bello
ancora che il Duca di Ferrara in quel secolo, sebbene a stento,
e Inghilterra ed America a' giorni nostri, con una prontezza
che molto le onora, abbiano lealmente mantenuto la promessa
di sottoporsi al giudizio dei loro arbitri. Ma se in un altro caso
ciò non avvenisse, a che avrebbe servito la sentenza degli arbitri?

Nulla di più ragionevole, di più giusto, di più utile, che
innanzi di por mano al preteso diritto della forza, si ricorra a
giudici imparziali, che facciano valere la forza del diritto. Ma
l'arbitrato è nulla se non si accetta; la sentenza è vana, se non
v'abbia modo di farla eseguire da colui che vi si ribelli. Ci sem-

---

(21) VERNAZZA, pag. 16 - 19 e 49, nota 34, dove cita le proprie parole di
G. B. ADRIANI nella Storia de' suoi tempi.

bra che in luogo di tante leghe e congressi a discussioni sugli
arbitrati internazionali, cosa eccellente, ma di una evidenza, nel-
l'ordine sociale, non minore dell'utilità della luce, dell'aria e
del pane nell'ordine fisico; sarebbe da cercare come si possa as-
sicurare il ricorso all'arbitrato efficacemente, e non con sole
belle parole, e quale dovrebbe essere la procedura esecutiva delle
sentenze arbitrali fra le nazioni. Se poi la condizione de' tempi
nostri sia tale da mettere sulla via di riuscire a tutto questo, e
sopratutto poi ad una procedura esecutiva, che non sia la
guerra, cioè appunto quello che si mira ad evitare col giudizio
degli arbitri, lasciamo ad altri il decidere. A noi viene in mente
la sentenza di PLINIO in una delle sue lettere: *Multi famam;
conscientiam pauci verentur;* e a noi la Storia non ha per anco
insegnato, che v'abbia altro freno, dalla retta coscienza in fuori,
per quelli che dispongono di molta forza materiale, e sanno fare
che la Pizia, chiamata Opinione pubblica, *filippizzi.* A gran ragione
e con gran senno il VITTORIA, nella dottrina fondamentale su
questo punto, riferita nel Capitolo precedente, proclama alto l'idea
del dovere.

Tornando al nostro BELLI, questi cenni sono bastanti a darci
il giusto concetto della nobiltà dell'animo, della saggezza ne' consigli, della fedeltà al principe, dell'amore alla Patria, e d'ogni
altra virtù che risplende in questo grande personaggio. La sua
Opera principale ci darà la misura del suo ingegno e del suo
valore nella scienza giuridica.

Altre minori sono ricordate dal VERNAZZA, e sono tutte di
argomento pratico: due consigli o pareri del Gennaio 1550 in
favore di Giovanni Serralonga circa una lite col comune di Alba;
una sentenza in qualità di arbitro tra il comune di Monticello e il
conte Filippo Roero e la città di Alba in materia di confini; cose
non pubblicate. Altre sentenze e dispute legali del BELLI furono
stampate dall'OSASCO ne' suoi *Consilia sive responsa,* e da Iacopo
MANDELLI ne' suoi *Consigli.* Quattro anni dopo la sua morte fu
pubblicato un suo Discorso latino, nel quale sostiene le ragioni

del Duca di Savoia alla successione del Marchesato di Saluzzo (1589). Il VERNAZZA trovò pure citati altri scritti simiglianti, che però non vide (22). Della principale sua Opera, pratica e scientifica a un tempo, e di quanto ne dice il VERNAZZA, ragioneremo nel Capitolo seguente.

Morì Pierino BELLI in Torino l'ultimo giorno dell'anno 1575. Suo figlio Domenico, gran Cancelliere di Emanuele Filiberto, fece costruire una Cappella nel Duomo di Asti, dove fece trasportare i resti mortali del padre e della madre sua, e il VERNAZZA riferisce l'epitaffio, ch'egli medesimo aveva veduto sopra codesta tomba, ed è il seguente (23).

D.   O.   M.

PETRINO BELLO *ab Alba Pompeia oriundo, patricio Astensi, Grincianarum et Bonvicini domino, iurisconsulto celeberrimo, a Carolo V. Caes. et a Philippo Hispaniarum rege, pacis bellique temporibus ad magnarum rerum deliberationes adhibito, Emmanuelis Philiberti Allobrogum ducis intimo consiliario, pietate, prudentia, integritate insigni.*

DOMINICUS *filius, Bonvicini comes et Grincianarum dominus, Caroli Emmanuelis Sabaudiae ducis magnus cancellarius, sacello hoc extructo ornato dotato,* patri *optimo et* IULIAE DAMIANAE matri *lectiss. foeminae, et sibi, et posteris suis fac. cur.*

Vixit annos LXXIII. menses VIIII. dies XII., obiit anno iubilei MDLXXV. die ultima mensis decembris.

CAPITOLO V.

L'Opera di Pierino Belli: De re militari ed de bello.

Compose il BELLI questa sua Opera, secondo narra il VERNAZZA, l'anno 1558, e la prima edizione venne in luce a Venezia l'anno

---

(22) VERNAZZA, pag. 20-31.
(23) VERNAZZA, pag. 20 e 81.

1563. Vent'anni dopo fu ristampata nella grande collezione dei Trattati di Diritto, fatta pure a Venezia dal Zileto. Non avendo potuto vedere la prima edizione del Portenari, ci serviamo di questa seconda (24).

« Questo libro, scrive il VERNAZZA, fu dedicato dall'autore a « Filippo II. di Spagna, dopo che già si trovava al servizio di « Savoia. Nella dedicatoria (che manca nella ristampa) egli stesso « dà un breve ristretto del suo lavoro. In primo luogo ei dichiara.... « di non dare verun precetto che riguardi o l'architettura mili- « tare o l'arte della guerra. Spiega in secondo luogo che si « propone di mostrare, secondo i principî della giurisprudenza, le « cagioni per le quali è giusta la guerra; i modi che si debbon « tenere nelle confederazioni; gli ordini che hanno da osservare « i capitani, i soldati, i provinciali, sia riguardo al principe al « quale ubbidiscono, sia verso i nemici contro i quali combattono, « sia finalmente anche tra loro medesimi. A questo aggiunge alcune « istoriche notizie di sè medesimo, dicendo che fu eletto *auditore* « dell'esercito cesareo nel tempo che Francesco I. re di Francia « ruppe la guerra a Carlo di Savoia, e che si mantenne in tale « officio sotto Alfonso d'Avalos marchese del Vasto, sotto Fer- « rante Gonzaga e 'l duca di Alba, e quindi promosso alla carica « di *consigliere di guerra* servì a Filippo II., sotto gli ordini « del cardinale Madruzzi, del marchese di Pescara, del duca « di Sessa » (25).

Il Trattato del BELLI è diviso in undici parti, suddivise in titoli, eccetto alcuna di un titolo solo.

Nella Parte I., i quattro primi titoli brevissimi dicono dell'o- rigine, del nome e delle specie della guerra considerata sotto

---

(24) Si trova nel Tom. XVI. a carte 335, della detta collezione del Zileto intitolata: *Tractatus tractatuum illustrium in utraque tum pontificii, tum caesarii iuris facultate Iurisconsultorum.* Venetiis 1584. in fol.

(25) VERNAZZA pag. 24 - 26.

varî aspetti. Nel tit. V. riconosce, come il Vittoria (26), che, posta la giusta causa, l'autorità di fare la guerra non ad altri appartiene che ad ogni principe il quale goda la pienezza del potere, e per le stesse ragioni, ad ogni popolo autonomo. Al quale proposito si ferma in particolare su Venezia, che BALDO e FULGOSIO dissero *novam Romam et communem patriam, et eam non regi imperialibus legibus, sed naturali iustitia, et iure a se condito. Eamque et nos* (continua il BELLI) *non immerito culmen, et decus Italiae dicemus, cum sola, vel exoriens, contra barbaras gentes, et rapinas, et vastationes, tutissimum praebuerit Italis refugium, solaque hodie Italam libertatem conservet et tueatur.* In tutto il resto della prima parte discorre delle persone militari; di chi può e di chi non può far parte degli eserciti; della distinzione tra la milizia armata e la togata, delle varie dignità e dei gradi dell'una e dell'altra e degli ufficî loro.

Nella Parte II., il titolo I. è speso nell'esaminare con diligenza, innanzi tutto, quali siano cause giuste di guerra e quali no; i doveri dei sudditi in relazione alla guerra ed i limiti di tali doveri, specialmente a riguardo de' vassalli: in secondo luogo, quanto sia grave il dovere di non dichiarare la guerra senza ponderazione molto matura: finalmente discorre dei diritti che dà la guerra sui vinti, secondo che sia contro popoli barbari o civili; dei tempi in cui si possa o no combattere; della fede da serbare ai nemici, e delle alleanze lecite ed illecite.

Le Parti III. e IV. trattano dei captivi e del postliminio; chè le dottrine del Diritto romano su questo punto, erano al suo tempo ancor vive, per le guerre contro i Turchi ed i Mori, come rappresaglie contro popoli che disconoscevano l'incivilimento cristiano.

La Parte V. è delle tregue e degli armistizî; la VI. tratta di speciali conseguenze alle quali può dare occasione la guerra; per

---

(26) Si può confrontare la *Relectio* VI. pag. 229.

es. a remissioni per danni patiti; la VII., dei privilegî dei militari, degli stipendî, de' premî, ec. La Parte VIII. (della quale, per errore, è omesso il titolo nella edizione del Zileto) espone i delitti militari e le loro pene. Nella IX. discorre dei salvocondotti; la X. è consacrata alla pace; l'ultima agli ostaggi.

Quanto ad argomenti presi a trattare, si può dire che nulla vi manchi, fatta ragione allo stato della scienza e alle condizioni sociali del tempo suo. Le dottrine sono attinte alle fonti della giurisprudenza romana e canonica e ai principî dell'equità. Lo stile non è così forbito, come quello di alcuni posteriori al BELLI: uomo vissuto fra l'armi, non sono da chiedergli fiori o fronde di stile e di eloquenza. Ma in compenso non opprime con quelle importune digressioni, che in luogo di chiarire gli argomenti, rendono talvolta malagevole cavare il succo di lunghi discorsi. Ci pare tuttavia che il VERNAZZA, paventando troppo l'accusa di parzialità verso un suo compaesano abbia esagerato i difetti di stile e di forma del BELLI: difetti, del resto, dai quali pochissimi del suo tempo hanno potuto restare immuni, anzi, a giudizio del VERNAZZA, il solo Alciato; e che ad ogni modo sono un neo molto lieve, dove c'è tanta sostanza di scienza giuridica. Poichè, a dirla in poche parole, Pietrino BELLI non ha la succosa brevità del VITTORIA, ma non è nemmeno un pelago di erudizione storica, nel quale venga affogata la sostanza del libro, come fu l'andazzo dopo di lui: il BELLI è innanzi tutto un assai dotto giureconsulto del suo tempo.

E i suoi contemporanei e i suoi posteri per tale lo riconobbero. Il VERNAZZA dopo avere noverato i tanti cataloghi di Opere giuridiche, ne' quali è segnalata quest'Opera agli studiosi, ai quali possiamo aggiungere la Biblioteca del LIPENIO (27), e riferita la sentenza del TIRABOSCHI, che cioè il BELLI « fu il primo per av-

---

(27) Martini LIPENII, *Bibliotheca realis iuridica*, T. I. Lipsiae 1757, pag. 115. — I cataloghi citati dal VERNAZZA, l, c. pag. 22. sono quelli di OPORINO, DRAUDIO, CHIESA, ROSSOTTO, FONTANA e MEISTER; e quelli delle biblioteche del Cardinal IMPERIALE, e di *Leida.*

« ventura che stesamente applicasse la scienza delle leggi all'uso
« della guerra (28) » rammenta la stima che ne fanno il POSSEVINO
e il MENOCHIO.

Nella sua *Bibliotheca selecta*, il POSSEVINO, circa il Trattato
del BELLI, scriveva: *cum brevissime sed tamen plene pleraque
contineat, quae de hac materia militari theologi ac iurecon-
sulti scripserunt, existimaverim magnum operae pretium, ut ab
iis qui sese his negotiis immiscent attente legatur* (29).

Il MENOCHIO poi nella prefazione ai suoi Commentarî *in omnes
praecipuas recuperandae possessionis constitutiones*, del BELLI
e dell'opera sua diceva: *Qui summo studio ac diligentia egregia
illa* de re militari *commentaria edidit; in quibus non est, quod
desiderent bonarum artium studiosi, vel sermonis puritatem et
eruditionem, vel historiarum cognitionem, et quaestionum quae
in castris ex facto eveniunt quotidie, explicationem* (30).

E in vero, il BELLI nel corso dell'Opera narra alcuni casi più
notevoli sui quali fu chiamato a dar parere o sentenza. Nè si vuole
tacere che in certe gravi questioni, fa manifesta la franca libertà
dell'uomo onesto, che rispetta e serve lealmente, ma non inganna
e blandisce i potenti a' cui stipendî si trova (31).

Quanto a' casi che gli occorsero, si può vedere, a cagion d'esempio,
quello di un soldato di cavalleria, il quale avendo perduto il suo
cavallo in una mischia, venuto il momento di un altro scontro, si
presentò al suo capitano esponendogli la cagione perchè si trovava
a piedi; e il capitano gli fece dare uno de' suoi proprî cavalli. Il

---

(28) VERNAZZA, pag. 27. TIRABOSCHI *Storia della letteratura italiana*, Modena 1778. T. VII. P. II pag. 123. — Poco dopo, il TIRABOSCHI, pag. 132-133.,
discorre di Alberico e di Scipione GENTILI. Le fonti più copiose e accurate di
cui ci siamo giovati nella Parte I. servono anche ad emendare e supplire quanto
egli scriveva.

(29) VERNAZZA pag. 22. e pag. 57. n. 49.

(30) VERNAZZA, pag. 33. e 60 n. 62. — Quest'Opera del MENOCHIO fu pubblicata a Mondovì nel 1565, due soli anni cioè dopo quella del BELLI.

(31) VERNAZZA, pag. 26. — MANCINI, nota al luogo riferito nel Capitolo seguente.

soldato ebbe la fortuna di far prigioniero un comandante nemico e ottenne in premio *vicena aureorum nummorum milia.* Il capitano, che avea prestato il cavallo, chiedeva parte del premio; BELLI fu chiamato a consulta e svolse la dottrina degli effetti giuridici del comodato (32).

Piaciono poi sommamente le forti parole colle quali sfolgora le rapine anche da' capi militari commesse nel Piemonte, nella Liguria, ec. *sine ulla misericordia, quod neque Turcae faciunt, dum bellantur.* E così pure la solenne riprovazione di tante e tante guerre del tempo suo: *cum cerno, quam facile, quam laevi ex causa, sit verbo venia, quam inconsulto saepe renoventur bella his nostris infelicibus diebus, facile adducor ut credam populorum simul et Principum reatus, mentem, divina accedente iustitia eripere Principibus ipsis, ut suae, atque alienae quietis immemores, in tam vastum et potens pelagus se demittant, etc.* (33).

Uno scrittore, non solo a noi più vicino, ma contemporaneo e vivente, il C. Federico SCLOPIS, già da parecchi anni richiamò l'attenzione degli studiosi sopra Pierino BELLI, nella sua *Storia della legislazione italiana.* Parlando egli della raccolta del Zileto, e dei Trattati contenuti nel Tomo XVI. di essa, così scrive:

« Non potendo discorrere per disteso del più di detti trattati, « che poi forse non francherebbe neppure la spesa di far cono- « scere ne' loro particolari al lettore, ci soffermeremo soltanto « sovra uno di essi, che ci sembra degno di singolar menzione. « È questo il trattato delle cose militari e della guerra di Pietrino « Belli. L'oggetto di tale Opera si è di mostrare secondo i prin- « cipî della giurisprudenza le cagioni per le quali è giusta la

---

(32) *De re militari,* Parte IV. tit. VIII.

(33) *De re militari,* P. II. tit. VII in fine, e tit. VIII. in prine.

« guerra, ecc..... L' Opera del Belli è condotta con assai larghi
« principî, se si tien conto della qualità dei tempi in cui
« scrisse, ec. » (34).

CAPITOLO VI.
Frutto che altri scrittori ritrassero dall' Opera
di Pierino Belli.

Senza punto esagerare l'importanza dell' Opera sua, conviene
però riconoscere, che il BELLI diede, col suo Trattato, un impulso
notevole al progresso della scienza del Diritto internazionale e ne
incominciò l' ordinamento a sistema, quale ramo distinto dalle altre
discipline affini. Posta a riscontro l' opera *de re militari et de bello*
coi lavori di altri italiani, che recano in fronte titoli somiglianti,
e si possono vedere nel medesimo vol. XVI. del *Tractatus tractatuum* del Zileto, non soffre il paragone. Sono troppo lieve cosa
il *Tractatus de bello* di Giovanni da LEGNANO, e le scritture di
Paride DAL POZZO, del GARRATI e di Marco MANTOA.

Gli scrittori che seguirono le orme tracciate da Pierino BELLI
sono: Alberico GENTILI, Ugone GROZIO e Baldassare AYALA. Alberico è posteriore al BELLI di ventisei anni; Ugone GROZIO di ses-
santasette. Entrambi seguirono il giureconsulto di Alba quanto
all' argomento principale, il *ius belli* propriamente detto, l' AYALA,
anche per ciò che spetta a quelle parti dell' ordinamento degli
eserciti, alle quali si estende il trattato del BELLI.

Dei due primi lasciamo parlare di buon grado il prof. P. S.
MANCINI, il quale in una sua prelezione letta nell' Università di
Torino il 22 Gennaio 1851 (35), diceva:

---

(34) SCLOPIS, *Storia della legislazione italiana*, Vol. II. pag. 592 - 594.

(35) *Della nazionalità come fondamento del Diritto delle genti*, Prelezione
al corso di diritto internazionale e marittimo, pag. 12-15 dell' edizione delle sue
Prelezioni, Napoli 1873.

« Bisogna discendere sino al secolo XVII., per salutarlo (l'astro
« della scienza) nell'olandese Ugone GROZIO, o meglio nel suo
« precursore italiano Alberico GENTILI. A me intanto sia permesso
« non solamente in grazia del luogo, e degli uditori, ma per
« rendere omaggio alla verità, protestare contro un'antica ingiu-
« stizia e ritogliere dall'obblio il nome di colui che veramente pel
« primo tentò di dare, come i tempi comportavano, un abito di
« sistematica dottrina agli argomenti della disciplina. Fu questi, o
« Piemontesi, un vostro concittadino, del quale.è gran torto che
« la storia della scienza sia stata finora affatto immemore, PIERINO
« BELLO di Alba; consigliere di Stato ed oratore alla Corte di Francia
« per quel glorioso vostro principe che fu il Duca Emanuele Fi-
« liberto. Nato il Bello nel 1502, ben molti anni innanzi la pub-
« blicazione delle Opere del Grozio e del Gentili, compose e inti-
« tolò a Filippo II. di Spagna un libro giuridico della guerra, il
« quale, per le materie trattate, per la loro disposizione, per quel-
« la forma logica di argomentazione che era a grado del suo se-
« colo, ed anche per la erudizioue di che non ha difetto, *a prima
« vista si riconosce essere servito all' uno e all' altro scrittore
« di esempio e di guida.* Nondimeno, ad eccezione del Tiraboschi
« il quale lasciò scritto del BELLO; — esser costui stato il primo
« per avventura che stesamente applicasse la scienza delle leggi
« all'uso della guerra, dov' è chi abbia mai rammentato nella
« nostra scienza con gratitudine il suo nome ? (36). Ben era dun-
« que mio debito; ragionando oggi in solenne occasione in questa
« sua patria, far pubblica testimonianza del non dubbio suo merito
« verso la scienza, riconoscere che *il primo trattato giuridico
« sulla materia del Diritto delle genti fu un libro piemon-
« tese,* e con ciò rivendicare a questo Paese e per conseguenza
« all' Italia un' altra domestica gloria.

---

(36) Sulla fine del Capitolo precedente accennammo già che molti altri,
oltre il Tiraboschi, fecero dei Belli onorevole menzione.

È questa domestica gloria, questo primo trattato giuridico sulla materia del Diritto delle genti, che l'Italia deve, non ad Alberico GENTILI, ma a Pierino BELLI, il quale perciò occupa egli il posto di precursore di GROZIO e di Alberico GENTILI insieme (ben s'intende dopo il VITTORIA, che va salutato il Padre della Scienza); quest'Opera, dicevamo, dell'illustre cittadino di Alba, fu pure il modello e la fonte precipua di una notevolissima Opera spagnuola cioè del trattato *De iure et officiis bellicis, et disciplina militari* di Baldassare AYALA.

Pel tempo in cui venne pubblicata, ch'è il 1597, otto anni dopo quella di GENTILI (37), uscirebbe dai confini del nostro lavoro. Ma il nesso intimo che ha con quella del BELLI ci obbliga a farne cenno.

Baldassare AYALA sostenne presso l'armata spagnuola de'Paesi Bassi gli uffici medesimi ch' ebbe Pierino BELLI negli eserciti imperiali, e scrisse il suo trattato simigliantissimo a quello del BELLI co' medesimi intendimenti, sotto l'influsso delle medesime circostanze e trattando le stesse materie.

Nelle dottrine capitali si conforma al VITTORIA, come fanno tutti i migliori; e se non vi manca un certo soverchio di erudizione, vi si scorge però nell'insieme un progresso quanto all'ordine e allo stile sobrio e corretto.

L'Opera dell'AYALA non è di molta mole. Fu da lui dedicata al Duca di Parma Alessandro Farnese, comandante dell'esercito spagnuolo nei Paesi Bassi, ed è una delle più notevoli del suo secolo.

---

(37) L'autore morì ad Anversa nel 1584. La prima edizione della sua Opera è postuma, Anversa 1597., e l'abbiamo rinvenuta nella Biblioteca di Bologna. Ne trovammo citata un'altra di Lione dell'anno medesimo, da noi non veduta. È Opera rarissima.

CAPITOLO VII.

L'Opera di Alberico Gentili: De iure belli, e il posto che le appartiene nella storia della scienza.

Approfittando dei lavori fatti prima di lui, e aggiungendovi quel pesante fardello di erudizione, che all'età sua era come il *substratum* obbligatorio di tutti i libri, Alberico dettava questa principale fra le sue Opere. In Italia ebbe la sorte comune a tante altre, d'essere cioè per lungo tempo conosciuta da pochissimi, tanto più che l'autore aveva passato la maggior parte della sua vita in suolo straniero, nelle circostanze e colle idee che dicemmo. Gl'Inglesi ebbero parte non ultima nel farne rivivere la memoria; e per essi aveva un'importanza notevole, dacchè egli fu uno di quelli che portarono nella Gran Brettagna la Giurisprudenza romana (38).

I cenni bibliografici che riferimmo dal BENIGNI (P. I. Cap. VI. n. IX) dicono che in prima l'opera *De iure belli* si limitava a due soli libri: il terzo venne dopo, separatamente, e fu poi unito agli altri due, come si richiedeva a far piena la trattazione; poichè la guerra dee pur finire cogli accordi, che fermino la pace e proveggano che duri.

Considerando quest'Opera sotto l'aspetto che più importa allo scopo nostro, cioè la relazione in cui sta colle Opere precedenti dello stesso argomento, non si deve disconoscere che anche in essa, com'è regola generale, l'autore fece un po' meglio di chi lo precedette quanto all'ordine delle materie, alla esclusione di argomenti, che pur attenendosi a cose belliche, non spettano al Diritto internazionale, e infine quanto allo svolgimento più ampio delle dottrine. Ma quest'ampio svolgimento consiste in un cumulo smisurato, di fatti, di autorità, di opinioni sue e di altri. Era l'uso e il gusto del tempo in cui visse: è vano cercarvi la severità filosofica.

─────────

(38) Si vegga quello che fu detto nella Prefazione.

Gettare nel fango l'Opera *De iure belli* sarebbe stoltezza, e
levarla alle stelle, quasi una nuova creazione scientifica, sarebbe
esagerazione; e le esagerazioni non fanno bene nè all'uomo intorno al quale si dicono, perchè destano il sorriso; nè a chi le
dice, perchè si fa compatire; nè a chi le legge, perchè spesso le
piglia per buona moneta. È tanto comodo pensare colla testa
altrui! E in cotesta rete danno più spesso coloro che più vantano
la libertà del loro pensiero, e sono assai pronti a ripetere: *ipse
dixit*, quando viene chi sappia loro imporre con un *ipse dixi*.
Ma la sola verità fa liberi; e la verità non è riposta negli epifo-
nemi: la sua sede è nella realtà delle cose, nella esatta rispondenza
del pensiero con questa realtà, nel buon senso, nel buon criterio,
che rigetta quanto importa contraddizione, nel giudizio concorde
non di chi grida e di chi mercanteggia, ma di chi pensa e sa
por freno ad ogni passione.

Quindi è da accettare la sentenza che vedemmo profferita dal
MANCINI, che cioè Alberico GENTILI viene dopo Pierino BELLI, il
quale è veramente l'iniziatore in Italia della scienza propriamente
detta del Diritto internazionale.

Ricorderemo di nuovo soltanto, che l'uno e l'altro devono molto
allo spagnuolo Francesco DA VITTORIA, il quale, come abbiamo
detto, crediamo debba venire salutato vero Padre di questa scienza.
Nè con ciò vogliamo negare che pur egli abbia fatto suo pro
dei materiali preparati innanzi a lui: la scienza è opera del lavoro
successivo di molti. E nemmeno vogliamo asserire, che il VITTORIA
l'abbia trattata ampiamente e in ogni sua parte; ma pose ordinatamente le basi, fissò i cardini della scienza: diede l'esempio
del metodo conveniente; e tutto questo è ciò che sopratutto importa.

Nè tale preminenza del VITTORIA è una semplice illazione pro-
babile, desunta dal tempo in cui scrissero BELLI e GENTILI posteriori al VITTORIA, e dal riscontro delle materie discorse nelle Opere
rispettive; ma sopratutto quanto ad Alberico GENTILI è resa evidente da espresse dichiarazioni.

Come GROZIO fece onorevole menzione di Alberico sulle cui
orme s'era messo; così Alberico rende onore al VITTORIA.

Nel Capo IX. della Parte I., adducendo l'autorità dello scrittore spagnuolo così si esprime: *Sed hanc sententiam, de bello propter religionem non movendo, probatam omnibus, nemine excepto, testatur doctissimus a Victoria; et causam istam non iustam fuisse Hispanis suis contra Indos* (39). E nel Capo XIX. della stessa Parte I. sostiene col VITTORIA, citandolo, il naturale diritto di pacifico commercio degli Spagnuoli cogli Indiani e le sue conseguenze (40).

Quanto al BELLI, non lo trovammo citato, espressamente, ma crediamo tuttavia che abbia ragione il MANCINI, il quale ritenne che Alberico abbia lavorato sul modello del BELLI. Nel Capo I. dell'Opera di Alberico si legge questo periodo:

« Equidem praeter Lignani paucula huius tractatus, et *aliorum*
« *nonnulla alia sparsim,* legi nihil; et ea non absque fastidio
« legi omnia. Sic sunt apta minus, minusque splendida: ut praete-
« ream illud, esse in eorum libris quamplurima non de bello, et
« de belli iure adversus hostem, sed de re militari, et legibus
« cum cive et milite nostro ».

Ove si consideri che la breve Opera di Giovanni DA LEGNANO è contenuta nello stesso volume XVI. del *Tractatus* del Zileto, pubblicato cinque anni prima del libro di Alberico, nel quale sta pure l'ampio lavoro del BELLI; non è arduo l'inferire che le parole del GENTILI prendano di mira il trattato del BELLI, il quale appunto oltre che *de iure belli,* dice ancora *de re militari.* Se ad Alberico piaceva stare ne' confini del puro *ius belli,* era bene; ma ciò non significa che per questa parte l'Opera del suo pre-decessore gli fosse ignota od inutile.

Alberico definisce la guerra: *publicorum armorum iusta contentio,* e il lettore invita a fermare il pensiero sopra cotesta giustizia

---

(39) Alb. GENTILIS, *Opera iuridica selectiora,* T. I. pag. 33. edizione di Napoli 1780. — Confr. VITTORIA, *Relect.* V. pag. 200, *Relect.* VI. pag. 231.

(40) Alb. GENTILIS, l. c. pag. 76. — Pel VITTORIA si vegga il precedente Capitolo III. di questa Parte II.

che si dee richiedere nella guerra: *Dixi contentionem iustam. Etenim bellum esse iustum, et belli actiones iustas omnes esse volo: et sic iustum piumque audio bellum; et arma iusta piaque. Et itaque disputationes omnes nostrae de hoc erunt. At volumus hic etiam excursiones, et praedationes excludere: quae iustum id est, et plenum armorum apparatum non habent: et bellum haud recte dicentur. Sic iustum, non solum quod a iure est, sed et quod est ex omni parte perfectum, significat;* e, come chiarisce in seguito, giusto e perfetto anche per la temperanza nel condurre la guerra, chè non assuma carattere di ladroneria e devastazione (41).

Detto questo nel Capo II., ripete anche Alberico, nel successivo Capo III., l'ovvia sentenza che la guerra non può aver luogo altro che fra popoli e principi indipendenti; e scontrata per via la limitazione dal VITTORIA espressa in brevi parole, cioè, che a far lecita la guerra non basta una giusta causa; ma è mestieri ancora che in altro modo non si possa ottenere l'incolumilità del diritto, il rifacimento del danno; il GENTILI la conforta di molte citazioni.

Se non che, venutogli innanzi il fatto di Filippo II, che rifiuta di accettare discussioni con chi si sia, circa le sue pretese sul trono di Portogallo; anzichè sviluppare la dottrima degli arbitramenti e il dovere d'invocarli, come aveva già fatto il VITTORIA (42), vi scivola sopra; mostra d'ignorare, come sempre, l'evo medio, il suo ordinamento sociale e il Diritto pubblico allora consentito da tutti i popoli, che n'era la conseguenza; e finisce col non dir nulla di quello che importava: *Ego de arbitris loquor quos accipiant ipsi Principes sponte.* Come siam lungi dal nobile coraggio del VITTORIA e del BELLI! I quali arbitri mostra poscia Alberico quanto a torto si volesse da certuni non dover essere presi fra i giureconsulti. E di qui prende occasione per correre i campi del *ius*

---

(41) Alb. GENTILIS, *De iure belli*, L. I. Cap. II. Tom. I. ed. cit. pag. 10. 11.
(42) Si vegga il Capo III. di questa Parte II.

civile e del *ius gentium,* tanto nel senso del testo delle *Istituzioni* giustinianee, quanto in quello filosofico di norma di ragione, che, come ben dice, sempre non è, ma sempre *civile esse debet* (43).

Ancora sulle orme del VITTORIA, qui però senza citarlo, e colle consuete amplificazioni, Alberico tratta nel Capo V. la preliminare quistione: se sia lecito far guerra (44).

Il titolo del Capo VI. *Bellum iuste geri utrinque* richiama tosto il dubbio proposto dal VITTORIA: *An possit bellum esse iustum ex utraque parte,* da lui risolto chiaramente con poche distinzioni brevi e precise (45).

Nella sostanza addotta il principio esposto dal teologo spagnuolo, che cioè possa aver luogo la giustizia della guerra da ambe le parti, quando l' ignoranza scusabile costituisca in buona fede quella delle due, che ha il torto. Ma tanto s' impiglia il GENTILI nella selva delle opinioni de' giureconsulti, che non trovando più modo di mettere qualche freno nel tempo ai pretesi diritti di chi a torto fa la guerra; è ridotto all' estremo di ricorrere alla giustizia eterna, certamente più sicura, più adeguata, più efficace; ma tutta spettante all' ordine morale, e obbliata spesso dai prepotenti, che pur bisogna infrenare quanto si possa nella vita presente; e che sanno troppo bene ridere dell' infamia ed evitare le pene di quaggiù. *Est infamia apud alios, est conscientia apud se, ut Philosophi explicarunt: est et infernus, de quo et Philosophi, veritate cogente, et Theologi, veritate docente, tradiderunt* (46).

Nel Capo VII. incomincia l' esame delle cause particolari che di fatto suscitarono le guerre, e di quelle per le quali sono giuste. Queste riduce egli a tre classi: cause divine, cause naturali, cause degli uomini.

---

(43) Alb. GENTILIS, *Op. iurid. select.* ediz. cit. T. I. pag. 14. 15.

(44) Confr. VITTORIA *Relect.* VI. pag. 226, e le cose esposte nel Cap III. di questa Parte II.

(45) VICTORIA, l. e. pag. 239. 240.

(46) Alber. GENTILIS, *Op. iurid. selectiora,* T. I. pag. 28.

Cause divine hanno le guerre che sono comandate da Dio, come fu il caso degli Ebrei, e sono tutte giuste; di queste tratta nel Cap. VIII, *De causis divinis belli faciendi.*

Nei tre Capi seguenti tratta il Gentili diffusamente l'argomento delle guerre di religione. Riferisce, come dicemmo, la sentenza del Vittoria, da tutti ammessa, che non sia titolo di mover guerra ad un popolo la sola differenza di religione; distingue il caso della difesa, per es. nelle guerre contro i Turchi, e ristretta la disputa alla sola domanda: *si uno religionis abtentu inferri possit*, la risolve negativamente, purchè però non si tratti di uomini che rigettino ogni religione: *At neque nos loquimur nunc de his qui ferarum modo magis quam hominum viventes sine ulla omnino religione sunt, hos enim quasi piratas, communes hostes omnium, bello persequendos, et cogendos in mores hominum arbitrarer. Hi enim vere videntur iniurii omnibus hominibus, qui in specie hominum agunt vitam brutorum brutissimorum: esse enim et brutis quibusdam religionem aliquam, traditum, et creditum est. Hi sunt, qui gigantum more bellum gerunt cum Deo . . . Iuris naturae est religio: et itaque nec patrocinabitur ius istud expertibus ipsius . . . Et merito propterea pulsi aliquando Epicuraei ab urbe: nam dissolvebat ea secta prorsus administrationem imperii, ut haec erat administratio multa in religionibus et metu deorum. Quin immo ab atheismo manifesto, et professo nihil multum distat Epicureismus* (47).

Distingue dalla guerra esterna a solo motivo di religione, il freno che ponga un principe ne' suoi stati all'errore, reprimendo gli eretici; e dopo una lunga serie di esempî, di autorità di giureconsulti, teologi e canonisti, di osservazioni sulle circostanze di fatto, che richiedano, per lo migliore, la tolleranza; finalmente, forse avvedendosi della difficoltà che il lettore avrebbe provato a voler trarre un costrutto da tutte quelle citazioni e discussioni

---

(47) Alber. Gentilis, l. c. pag. 35 et 37.

storiche, classiche, giuridiche, canoniche e teologiche, conchiude egli così: *Velim a principibus curari valde religionis unitatem; sed et hoc arma et exercitus non comparari in civile bellum propter unam religionem: Nam, si puniendi sunt haeretici, et qui hi sint, alia quaestio est, et non pertinet ad tractatum nostrum. Quicquid fuerit, id omne citra bellum esto* (Aug. 3 con. Parm. 2.) *Et meminerimus cum Augustino, haereses non semper tolli posse absque periculo reipublicae* (48).

E chi darebbe torto al *velim* di Alberico, se la ragione e il fatto insieme provano che l'unità religiosa è il primo fondamento della pace e della prosperità anche materiale degli Stati ?

Basta solo non obbliare che l'unità religiosa, quanto al suo essere, tutta riposa sopra questi due fulcri: verità e autorità, i quali da veruna industria o potenza umana non dipendono. Le opinioni sono essenzialmente varie e mutevoli; e per ciò stesso che sono varie e mutevoli non possono produrre unità; e l'autorità che non fosse tutt'una cosa colla verità oggettiva, sarebbe essa pure un opinato mutevole, e perciò altrettanto inetta a produrre unità. Le opinioni hanno sempre prodotto divisioni; le autorità foggiate dalle opinioni furono sempre deboli ed effimere: i fatti di tutti i secoli ne sono la prova, anche per quelli che non giungessero ad intenderne la ragione intrinseca.

Senza procedere più oltre, non dubitiamo che il lettore, quand'anche non avesse mai veduto l'Opera *De iure belli* di Alberico Gentili, abbia compreso che in essa s'intrecciano del continuo i fatti, i ragionamenti e le dottrine teologiche. Chi poi ne abbia letto anche solo qualche Capo, ha quanto basta a formare da sè un adeguato concetto della struttura di tutto il Libro. E così stando le cose, com'è fuori di ogni possibile dubbio, confessiamo di non vedere quella somiglianza, che alcuno ravvisò tra il metodo di Alberico in quest'Opera e quello di Machiavelli.

---

(48) Alber. Gentilis, l. c pag. 39-40

In un libretto stampato da pochi anni in Italia fu scritto:
« Il segretario fiorentino studiando la politica come una scienza
« speciale dedotta dalla esperienza e dalla storia, l'aveva isolata
« dal fine della giustizia e da ogni altro elemento morale . . . .
« Il Gentili arrecò nella scienza internazionale la stessa ardita in-
« novazione fatta dal Machiavelli nella politica, e però egli va
« sopra ogni altro grandemente lodato ed ammirato. Nel libro di
« lui non vi ha ombra di astrattezze, di meditazioni, e vi cessa
« del tutto l'antica alleanza della teologia con la giurisprudenza,
« che prima aveva luogo in ogni scientifica trattazione » (49).

E sia pure così per le astrattezze e le meditazioni, in un'Opera
riboccante di citazioni d'ogni guisa e di fatti d'ogni maniera, che
a volerne esaminare per singolo la esattezza, il carattere, le circostanze e cavarne un costrutto d'induzioni, si domanderebbero
correzioni e commenti, senza paragone più ampî del libro stesso;
ciò che renderebbe ancora necessario di ricorrere a quei principî
della giustizia e della morale, senza il lume de' quali riesce impossibile veder nulla negli atti umani, da cui si possa ritrarre nè
frutto di scienza, nè insegnamento veruno.

Ma quanto al supposto sbandeggiamento della teologia, se v'ha
scrittore che per questo capo stia agli antipodi di Machiavelli, egli
è desso appunto, Alberico GENTILI.

Non diciamo che questo sia carattere speciale di lui; perchè
lo sfoggio, a così dire, di cristianesimo, è comunissimo negli scrittori protestanti, specialmente de' primi tempi della Riforma; nè
Machiavelli trovò censori tanto vivaci fra' cattolici, quanto fra'
protestanti. E basti per tutti ricordare l'*Antimachiavello* di
FEDERICO II. di Prussia.

E la ragione di questo fatto non è difficile a scorgere. Le
eresie pretendono sempre di essere i veri rampolli della radice

----

(49) *Storia degli studi del Diritto internazionale in Italia* del Prof. A.
PIERANTONI, pag. 22.

del Cristianesimo, e i primi che le proclamano e le seguono, sono tutti all' opera di persuadere che i loro pensamenti esprimono la verità cristiana. Fu detto con gran ragione, che le eresie non nascono altro che in secoli di fede.

L'errore infatti non è altro che una verità alterata, mutilata manomessa: non si potrebbe nemmeno concepire l'errore, senza riferirlo alla verità da cui si diparte. La negazione totale, il razionalismo, l'indifferenza derivano più tardi dalla intrinseca sterilità dell'errore quanto al bene, e dalla corrispondente sua fecondità quanto al male; e dallo scadimento ch'esso reca nelle menti e nei cuori, che finisce non di rado nell'ateismo pratico. Finchè però ferve la lotta, finchè gli effetti non siano del tutto esplicati, ben lungi che si lascino da un canto le relazioni intime delle scienze colle dottrine teologiche, anzi avviene tutto l'opposto; sicchè dalle Opere stesse, che pel loro argomento potrebbero agevolmente tenersi sopra il terreno della pura filosofia, spira sovente, non che l'aura teologica speculativa, persino l'ascetismo e, come dicono, il *pietismo*.

Di tal indole appunto è anche l'Opera di Alberico GENTILI. E a chi ne volesse una prova spedita e solenne, senza la grave noia di leggere tutte quelle lunghe pagine, alle quali i progressi del Diritto internazionale hanno fatto tante aggiunte, vegga solo il Capo XI. del Libro I.: *An subditi bellent contra principem ex caussa religionis.* E in questo Capo, oltre al solito corredo di fatti storici svariatissimi, troverà le sentenze del Vangelo, degli Atti degli Apostoli, di S. Paolo, di S. Ambrogio, S. Agostino, S. Bernardo, Tertulliano, S. Cipriano, ecc. appoggiato alle quali, Alberico pone come regola ai sudditi la pazienza nel sofferire la persecuzione, e la fermezza nel non venir meno ai doveri verso Dio, sopra i quali non possono essere mai i diritti del principe, nè il vincolo di alcun giuramento di fedeltà.

In omni subiectione (scrive il GENTILI) *et omni iureiurando creditur semper supremi Principis auctoritas reservata et salva, itaque et cultus divini ratio . . . Admonendos subditos, ne*

plus quam expedit sint subiecti . . . Et tale est negotium re-
ligionis, quod Deo, non Caesari adprobare oportet: in quo
oportet Deo magis, quam hominibus obedire. Quinimo si reli-
gionis caussa expressaque fuisset, subditi conventis stare non
tenerentur, si religionem aliam meliorem viderent et crederent.
Nam receptum est, nec iuramenta valere, quae non habent
illos comites tres, iustitiam *et* iudicium *et* veritatem; *quibus om-*
nibus hic destituimur liquido, ubi falsam religionem probavi-
mus ignari, et tenere spopondimus. . . . Et ita igitur censeo,
ut qui subditus, privatusque non est, is et se defendere contra
principem in ista caussa religionis etiam per bellum possit. .
Privatus qui homo est, nihil istorum potest. Sed ex Christi
iussu fugere tantum habet. Durum spoliari patria, fortunis.
At Christi iussus hic est (50).

Che se alcuno bramasse pure qualche saggio dell'ascetismo
di Alberico Gentili, guardi la chiusa di ciascuno dei tre Libri
de iure belli. Il Libro 1., l'argomento del quale è la giustizia
della guerra e delle sue cause, si chiude con questa invocazione:

« Tu pater iustitiae, Deus, etiam has tolle causas nobis, tolle
« bellum omne: da, Domine, pacem in diebus nostris, da pacem.
« *At nobis pax alma veni* » (Tib. 1. eleg 19).

Il Libro II. nel quale tratta delle regole di giustizia e di temperanza da osservare nel condurre la guerra, finisce con quest'altra preghiera:

« Tu, summe Deus, barbariem, feritatem, iuexaturabilem hosti-
« litatem procul amove bonus. Bos, et leo comedant paleas, ne-
« quaquam feritatem bos discat, sed leo mansuetudinem doceatur.
« Nequaquam discant a barbaris Christiani tui barbaras bellandi
« rationes, sed istas humaniores a tuis barbari doceantur ».

Il Libro III. finalmente, dove si parla di paci, di alleanze, di
federazioni, ec. è suggellato da questo augurio solenne:

---

(50) Alberici Gentilis, l. c. pag. 44 - 45.

« Deus autem optimus maximus faciat; principes imponere
« bellis omnem finem, et iura pacis, ac foederum colere sancte.
« *Pax plenum virtutis opus, pax summa laborum, Pax belli*
« *exacti pretium est, pretiumque pericli. Sidera pace vigent,*
« *consistunt terrea pace. Nil placitum sine pace Deo.* (*Prud.*
« *Psych.*). Etiam Deus, etiam impone tu bellis finem: tu nobis
« pacem effice: placatus iniquitatibus nostris: propitius nobis in Filio
« tuo, servatore nostro IESU CHRISTO ».

Dica ora chi vuole, che Alberico pose in bando dalla sua Opera
la teologia. Nè vogliamo aggiungere altro. Il lettore che rammenta
i casi della vita di lui, e le altre sue scritture delle quali abbiamo
parlato, giudichi l'uomo.

CONCLUSIONE.

Guardate le cose senz'altri scopi che quello sommo e retto, di
servire cioè alla verità, il posto di Alberico GENTILI è dunque bene
determinato nella scienza e nella storia: è quello che gli assegnava
il MANCINI giustamente, come speriamo di avere provato coi fatti.
Non è il primo, nè per merito intrinseco, nè per ordine di tempo;
non è affatto l'ultimo in relazione al suo tempo. Hanno torto il
Lampredi e tutti quelli che lo dicono il primo esplicatore delle
leggi della pace e della guerra e il fondatore del Diritto internazionale. Lo precedono, lasciando i minori, VITTORIA spagnuolo e BELLI
italiano, così nel merito come nel tempo. Alberico GENTILI fece
quello che potè per lo stato della scienza al suo tempo, per la
tempera della sua mente e del suo animo, pel metodo che allora
era quasi da tutti seguito. GROZIO, venuto dopo, fece più e meglio
di lui, e lo ricordò perchè largamente, non però esclusivamente,
si valse dell'Opera sua. Ecco il fatto storico, ecco la tradizione
della Scienza.

Quest'ultimo risultamento, al quale siamo riusciti, teniamo per
fermo debba tornare gradito anche a quelli, che sopra l'autorità
altrui s'erano formato, in buona fede, un concetto più elevato

dell'Opera *De iure belli* di Alberico GENTILI, come accadde anche a noi, innanzi che avessimo esaminato e questa e le altre Opere di cui abbiamo parlato. Le opinioni devono cedere alla realtà!

E a tale proposito crediamo debito nostro dire una parola sopra due illustri scrittori italiani a noi più vicini, dei quali si potrebbe pensare che noi rigettassimo l'autorità, col tacere. Vogliamo dire Francesco FORTI e Federico SCLOPIS. Il primo nelle *Istituzioni civili* (Vol. I. pag. 469); l'altro nella *Storia della legislazione italiana* (Vol. II. pag. 594) recarono sentenza sull'Opera di Alberico GENTILI, lodandone il contenuto. E noi ripetiamo con entrambi che il trattato *De iuri belli* di Alberico GENTILI contiene molte cose buone e importanti, senza accettare il troppo e l'inesatto che c'è nel FORTI, e tenendoci più vicini alla temperanza dello SCLOPIS. Ma non possiamo dimenticare, che questi giudizî riguardano l'Opera in sè, non già la sua relazione colle Opere precedenti. Allorchè si domanda quale sia il posto da assegnare ad uno scrittore nella storia della scienza, la risposta dev'essere tratta specialmente dal confronto colle Opere precedenti.

Lo SCLOPIS fu più assegnato del FORTI appunto perchè conosceva l'Opera del BELLI: il FORTI invece non fa menzione, non che del VITTORIA, nemmeno del BELLI, sicchè, leggendo il sunto che dà dell'Opera di Alberico, si direbbe che tutte le buone cose ch'egli vi trova fossero dovute ad Alberico, mentre per la massima parte sono imitate o attinte dal BELLI e dal VITTORIA.

Queste medesime considerazioni varrebbero pel TIRABOSCHI (l. c. nella n. 28) e per ogni altro che abbia attribuito a ciò che contiene l'Opera di Alberico GENTILI un valore eziandio più grande di quello che a noi sembri avere.

Il nostro assunto c'imponeva di risalire agli scrittori precedenti e la via che dovevamo tenere e abbiamo tenuto, ci condusse, presso che senz'avvedercene, a fare dello scritto nostro quasi un commento o una dimostrazione della giusta sentenza dal MANCINI profferita, sono già 15 anni, che assegnava a Pierino BELLI il primo posto fra gli scrittori italiani, che concorsero all'ordinamento scientifico del Diritto internazionale, scrivendo *de iure belli*, lasciato ad Alberico GENTILI soltanto il secondo.

Questo posto secondo, già lo vedemmo, gli spetta fatta ragione a quello che dice, al modo in cui lo dice, e a quello ch'era stato detto più e meglio prima di lui, e che gli piacque avvolgere in nube. Nè vogliamo preterire una espressione, che ci pare piena di senno, adoperata dallo SCLOPIS, il quale, colla succosa brevità che si addiceva all'indole del suo lavoro, dice che sopra i casi occorsi a' suoi giorni, di cui Alberico fa menzione, egli dispensò lode o biasimo *a suo talento*. Chi sa intendere il valore delle parole, capisce tutto.

Non ci facciamo dunque a cercare nell' Opera di Alberico GENTILI ciò che non vi si trova; non mettiamolo innanzi nè a Pierino BELLI nè sopra tutto a Francesco DA VITTORIA; diciamolo uno scrittore che pur egli cercò di piantare le tende della giustizia nei campi di battaglia; e che se non ci presenta il *bonum ex integra causa;* se nella sua vita e in altri suoi scritti strisciò oltre ogni misura dinanzi ai potenti, in questa sua Opera almeno non predica la massima pagana: *la force prime le droit.*

INDICE.

ALTRI SCRITTI DELL' AUTORE.

Opere di GD. Romagnosi riordinate ed illustrate con note ec. Milano 1841-48, coi tipi di A. Sicca in Padova. Tomi 16 in 8.° gr. — Edizione fatta per conto altrui, della quale esiste ancora in commercio qualche esemplare.

Saggio sui principj fondamentali del Diritto filosofico e in particolare sulla teoria del Diritto penale. Padova 1852, in 8.° gr. — Edizione separata dei lavori contenuti nella collezione delle Opere di Romagnosi. — Esaurita.

Sulla libebtà del commercio e sul contrabbando. — Scritto più volte pubblicato insieme ad altri, e l' ultima volta con aggiunte nel *Giornale per le scienze politico-legali.* Milano 1850. fasc. 4.

Sul censimento e sulla perequazione. — Nel *Giornale* suddetto, 1851, fasc. 8.° e 9.° e stampato anche a parte. — Esaurito.

Studj e confronti sul nuovo Codice civile per gli Stati Estensi, del 1852. Articoli inseriti nella *Gazzetta dei Tribunali di Milano* degli anni 1853 e 1854.

Esame del Corso di Diritto naturale del Prof. H. Ahrens. Padova 1853, in 8.° gr. — Per l' Autore è esaurito: ne esiste qualche esemplare in commercio, e ne fu fatta una seconda edizione a Napoli, nel 1854.

Elementi del Diritto Romano. — Vol. I. *Storia,* edizione II, che sta pure da sè. — Vol. II. *Preliminari,* Sezione I. — Questo Vol. II. è esaurito.

La Filosofia del Diritto e la Scuola storica. Dissertazione. Padova 1853.

La Gloria che deriva alle nazioni dalle scienze e dalle lettere e specialmente all' Italia. Prolusione letta per l' inaugurazione degli studj nella R. Università di Parma il 16 Novembre 1868. — Esaurita.

Prolusione al Corso della Filosofia del Diritto, letta nella R. Università di Parma il 21 Novembre 1872. — Esaurita

Biografia di G. D. Romagnosi e catalogo delle sue Opere con Appendice di lettere inedite, ec. Parma 1874.

Venezia nel 1848 e 1849. Supplementi Storici. Nell' *Archivio Veneto,* Vol. XI. Venezia 1876.

CPSIA information can be obtained at www.ICGtesting.com
Printed in the USA
BVOW11s1035220814

363871BV00023B/289/P

9 78